该项目得到2019学位与研究生教育教学

财经类高校人才培养的

制度、选择与路径

徐　松◎著

中国原子能出版社
China Atomic Energy Press

图书在版编目（ＣＩＰ）数据

财经类高校人才培养的制度、选择与路径 / 徐松著. —— 北京：
中国原子能出版社, 2019.10（2021.9重印）
ISBN 978-7-5221-0132-3

Ⅰ.①财… Ⅱ.①徐… Ⅲ.①财政经济 - 专业人才 -
培养模式 - 高等学校 - 研究 - 中国 Ⅳ.①F812-4

中国版本图书馆CIP数据核字(2019)第234176号

- -

财经类高校人才培养的制度、选择与路径

出　　版	中国原子能出版社(北京市海淀区阜成路43号 100048)	
责任编辑	蒋焱兰（邮箱：ylj44@126.com QQ：419148731）	
特约编辑	胡冰姿　李　宏	
印　　刷	三河市南阳印刷有限公司	
经　　销	全国新华书店	
开　　本	880mm×1230mm　1/32	
印　　张	6.5	
字　　数	180千字	
版　　次	2019年10月第1版	2021年9月第2次印刷
书　　号	ISBN 978-7-5221-0132-3	
定　　价	40.00元	

出版社网址：http://www.aep.com.cn　　E-mail：atomep123@126.com
发行电话：010-68452845

前 言

在知识经济时代,人的知识、智力和创新能力是知识经济社会发展的源动力。大学作为人才的培养摇篮,在以高科技为基础的知识经济中,发挥着越来越重要的作用,它担负着为社会培养所需要人才的重任。在社会普遍重视"能力教育"的时代,高等院校向社会输送人才的质量如何,是否符合社会发展的需求,是高校赖以生存的根本,同时也是社会关注的焦点。因此,加强大学生综合能力培养是社会和高等教育共同关心的话题。

人才培养始终是各类大学的最终目的,而财经类人才的培养则是重要组成部分。当然,互联网时代的到来,对财经类高校的专业建设和人才培养也提出了新的要求。财经类高校的人才培养需要契合社会的需求,这不仅是财经类高校进行人才培养的内在要求,也是财经类高校相关专业进行课程体系建设的重要依据和指导原则。设计一个符合财经类高校的人才培养模式,首先要清楚财经类高校的不同专业在课程的设置中定位,即每个专业的人才培养定位或应用的关系以及社会上企业对专业的需求，以此来确定课程体系。

因此无论是财经类高校人才培养的制度构建、体系建设、路径选择或者就业分析，都是为了财经类人才能够最终学有所用、学以致用。在新的形势下，财经类人才培养需要有新的思维方式。财经类高校也应在漫长的探索中不断地发现新问题，提出新办法。比如，在互联网时代，财经类高校的专业建设和人才培养有了新的要求，有的高校提出了跨学科协作模式，跨学科协作不同于多学科协作，它是利用多个学科的不同优点与长处共同提出问题、解决问题、升华问题，从而提出新的东西。这些新的培养模式是契合社会市场需求的人才培养模式，财经类高校应多尝试探索人才培养的新路径。

作者

2019 年 7 月

目 录

第一章 财经类高校人才培养概述

第一节 财经类高校人才培养的目标

新形势下的高校教学，必须认真贯彻党的教育创新思想，不断探索教育教学改革的新思路和新方法。对财经类高校而言，加强内涵建设，突出财经办学特色，培养学生转化、运用知识能力和实践动手能力，分析和解决社会生产、生活实际问题的能力，已成为人才培养工作的重要任务。财经类高校的人才培养目标要与大学生"四种能力"培养相结合。这"四种能力"涉及学生的实践能力、创造能力、就业能力和创业能力的综合培养，是一个能力培养的完整体系。这一体系中，实践能力是创造能力、就业能力和创业能力的基础和前提；没有实践，没有身体力行，就无所谓创造，学生只能是旁观者；用人单位希望招聘的管理人员不仅要具备扎实的专业功底，更应具备解决实际问题的能力，眼高手低的人是很难谋得一席之地的；创业需要的不仅是胆识，最主要的是对自己经过实践磨练的综合能力的清醒认识。因此，面向四种能力培养的教学体系构建的目的是通过学生实践能力和创造能力的提高，达到提高学生就业能力甚至是创业能力的根本目标。

未来一个时期,我国高等教育发展的重点将进一步集中于质量的保障与提高。财经类高等学校必须着眼于服务地方经济社会发展,增强自主创新能力,准确定位,发挥优势,坚持传授知识、培养能力、提高素质协调发展的原则,以教育创新为主线,以培育大学生"四种能力"为重点,积极推进人才培养模式的改革和创新,构建多层次、多类型、全方位的创新人才的培养体系;深入探索教育制度、教学管理体制与运行机制的创新,将"四种能力"的培育作为制定专业培养计划的核心,贯穿人才培养的各个环节,在大学生的培养目标、课程设置、教学内容和教学方法、教材、培养方式、科研训练、社会实践等方面加强创新研究,建立能充分调动学生学习主动性与创造性的具有鲜明特色的创新人才培养制度和模式,形成有利于大学生"四种能力"培育的良好机制与氛围。通过加强大学生"四种能力"培育,切实提高人才培养质量,全面增强大学生的综合素质。

以这"四种能力"作为财经院校学生的培养目标,是一项综合且艰巨的任务,以下分别来说明。

一、培养实践能力

大学生社会实践能力的培养从属于素质教育。实践能力有广义与狭义之分,对大学生社会实践能力及其构成要素的认识应该从广义的角度去考察。能力形成于社会实践、体现于社会实践同时又发展于社会实践,大学生的社会实践能力缘于大学生所从事的社会实践活动的要求,界定大学生社会实践能力的前提是认识大学生的社会实践。大学生社会实践能力构成要素应体现时代特征、社会要求。大学生的实践能力一般包括两方面：一是在校就读期间依照学校规定所完成的教学实践环节中所表现出来的能力。这些能力包括应用所学的理论、观点、知识完成学业标准，动脑动手进行综合、实验、技能训练等自主学习能力以及拓展认知领域获取新知识、新技能完善知识结构和能力结构的初步能力，还有人际交流交往方面的能力。二是在校就读期间借助学校提供条件或者自己与同学合作创造的条件，向社会生产、生活领域拓展所获得和所表现出来的能力。诸如参与社会主体（工人、农民、军人、科学家、教育家、企业家以及其他阶层群体）改造自然或变革社会的某些活动中所获得的或在已有基础上新增长的独立分析问题和解决问题的能力等。

因此，大学生的实践能力是由相互联系、相互影响、相互促进的各种能力所构成的能力体系，通常由一般实践能力、专业实践能力和综合实践能力构成，其中一般实践能力主要包括表达能力、适应环境能力、自学能力、人际交往能力、外语能力和计算机应用能力、组织管理能力等；专业实践能力主要包括实际操作能力、数据分析能力、记忆分析能力、观察想象能力、逻辑思维能力、信息处理能力、专业写作能力、实验能力、科研能力、设计能力、发明创造能力等。综合能力则包含了在一般实践能力和专业实践能力基础之上的解决综合问题的其他能力。

二、培养创造能力

创造能力是一种创造性解决问题的综合能力，是人根据一定的目标任务,开展积极能动的思维活动并产生具有一定社会价值的新观点、新理论、新产品、新工艺的能力。创造能力是人类大脑思维功能和社会实践能力的综合体现。其特性:一是发现问题和解决问题的能力,发现问题是综合分析事物发展的过程,是多种认知能力的综合表现。它包括敏锐的观察力、持久的记忆力、果断的判断力和准确的表达力。而解决问题则需要丰富的想象力,运用逻辑思维能力,对提出的问题进行严密的逻辑论证,并提出合理的解决方法,即"大胆假设,小心求证"。二是实践能力,实践是人类认识世界、改造客观世界的活动,具有客观性和物质性特征。大学生必须运用前人的经验、知识、理论体系与工作实际相结合进行动脑动手实践。例如社会实践、生产实践、实验报告、学术论文、新产品、新发明等。总之,创造能力是人类创造新事物的综合能力,需要在长期的实践活动中培养和锻炼。

创造力教育是培养和发展学生创造力的社会实践活动,包括近期和远期教育。近期教育是通过增强学生的创造意识和发展学生的创造能力,培养和提高学生在教育中的能动性、自主性和创造性;远期教育则是造就学生在社会经济发展中的创造、能动作用。而要培养学生的创造力,就要培养学生的创新意识,提高学生创造能力,塑造学生的创新人格。以以上提到的塑造创新人格为例,创造性人格在创造中有积极的作用。富有创造性的人往往具有一系列独特的人格特征。戴维斯概括的具有高创造力的人的人格特征是:独立性强,具有好奇心,有理想抱负,不轻听他人意见,对于复杂奇怪的事会感到一种魅力,而且一般具有艺术上的审美观和幽默感。俄国学者对高创造力的人才研究指出,他们兴趣广泛,好奇性强,求知欲高,勤奋努力,有恒心、自信心和责任心,自我期望高,独立和适应性强,精力旺盛。创造性人格的获得不是偶然的、天生的,需要长时间的培养,然后才能对创造活动有促进作用。塑造学生的创新人格应该融于整个教学中,要摒弃传统教学法,培养学生创造性思维能力,培养学生独立思考问题的能力,把学生培养成为能够适应未来社会高速发展、激烈竞争需要,充满生机、活力和自信的,具有创造性精神和能力的人才。

三、培养就业能力

国家越来越重视毕业生就业创业工作,将其上升到重要的民生工程来抓。因此财经类高校必须不断创新人才培养模式,强化就业创业服务体系建设,提升大学生就业能力。财经类高校应重视大学生就业能力的培养,通过制订合理的人才培养方案,优化学科专业结构,强化创新创业教育,健全服务保障机制,做好就业指导等改革措施,引导毕业生积极就业,推动毕业生自主创业,使毕业生就业创业工作平稳有序。

就业能力通常指寻求和从事某种工作岗位的综合能力集合,即与个人属性相关的就业综合能力和素质,有些文献则以就业力(就业竞争力)、关键能力(通用能力)、可雇佣能力等概念来指代。学者李·哈维认为其核心内涵是劳动者个体获得并保持工作机会的能力。大学生就业能力,是大学生毕业后获得就业机会并在工作过程中取得理想成绩的一系列能力集合,涵盖毕业生的知识、技能、身体素质和其他职业相关能力。国内外学界对于大学生就业能力很早进行了专项的研究,概念及内涵大同小异。例如：英国的提高学生就业能力合作组织（ESECT）强调大学生个体获得就业机会并能具备一定的胜任力，能力因子具体包括大学生的学识水平、学术成就、工作技能、职场经历、沟通理解能力和个人特质等。我国学者郑晓明提出"本领说"，认为大学生就业能力是指在校期间习得的"本领"，即大学生通过知识与技能的学习、综合素质的培养与开发逐步习得这种能力，大学生走出校门后正是凭借这些本领顺利就业，实现自身价值。还有学者更看重环境适应能力，他们从大学生的职业环境适应性角度出发，将其定义为获取工作岗位、适应社会职业需求并胜任所选职业的能力。进入高校深造是学生转变为劳动者角色跨入社会职业系统的最后一环，是大学生获取职业能力的关键阶段。因此，坚持以就业为导向、重视大学生就业能力培养与拓展，是高校主动适应社会经济结构调整，积极应对竞争激烈的市场环境，面向大学生未来就业创业不断深化教育教学改革的工作重心之一。

随着心理学、教育学等相关学科的发展，针对大学生就业能力结构的研究也日趋丰富。围绕个人能力和就业结果等不同视角，大学生就业能力结构研究在彰显各自特色的前提下向工作岗位和职业素质的能力要素集中。基于个人能力视角的狭义能力观认为，大学生就业能力的构成主要是个人的品质和技能，构成要素主要包括个人的价值观、沟通能力以及协作能力等。不同的专家学者在划分就业能力结构时稍有差异。例如：Fallows等人将就业能力结构界定在信息搜集、沟通理解、问题解决、社会关系等能力要素范畴；我国杨晓楠教授的就业能力结构具有较高的代表性，主要包括沟通与表达、环境的适应、自主学习、后续发展、合作与协商以及情商等能力要素。可见,沟通能力、合作能力、环境适应能力对于大学生个体寻求并保持工作岗位是十分重要的。基于就业结果视角的广义能力观认为,就业能力结构是多维度的立体构成。内部维度是与就业岗位相关的基本知识、技能、终身学习能力等;外部维度各能力因子的重点在于对就业市场变化的敏感度。广义能力观聚焦于影响个体就业结果的个体因素、个人家庭背景和外部环境因素各种能力要素,其实质是注重就业实现效果的就业绩效。

大学生就业能力的培养与开发是一项系统工程。处于大学生就业能力开发主体地位的财经类高校需要建构一条动态的就业能力开发途径,协调好人才培养目标、学科专业设置、课程体系、师资建设、职业指导、校企合作等因素,改变固有的管理观念,以服务为宗旨,全面改革管理体制、组织结构和运行机制,整合教育资源,围绕目标设定、措施实施、结果评估等三个动态循环过程,从内外部环境出发设定合理的目标,通过管理创新等措施发挥就业能力的各影响要素的积极作用,并对就业能力开发的实施效果进行反馈,检验能力开发目标的社会需求符合度。能力培养的途径多种多样。在调研过程中,专家普遍认为实践教育尤为重要。实践教育不能仅仅局限于在企业的短期实习或实训活动,还应在创业教育、实践基地建设等多方面有所作为。例如学校可以进行深度的校企合作,我国大学毕业生主要就业于各类型的企业,大学生应该具备怎样的就业能力,验证与评价的标准主要来自企业雇主和社会。在当前国家积极推行现代学徒制、提倡构建现代职教体系等大环境下,财经类高校应积极发展与行业企业的战略联盟关系,主动联系区域内的行业协会和企业雇主,开展深度合作,打造就业岗位培养基地。再例如对学生进行职业指导,财经类大学生职业指导应该是全程式的指导。财经类高校应对毕业生终身职业发展承担起责任,培养大学生对自己的职业生涯做出决策以及执行决策等能力。在校就读的不同年级或时段实施不同内容的职业指导,在学生毕业阶段主要指导学生进行专业实习,帮助他们搜集、了解就业信息,为其提供应聘技巧指导等就业过程的服务。或者实行动态的专业机制设置,主动适应国家发展战略以及社会经济结构调整情况,及时进行人才需求调研,根据自身的学科专业特点调整专业结构,建设新专业,设立辅修专业,通过专业设置口径的拓宽来培养高适应性的人才。

四、培养创业能力

创业能力是指大学生在各种创新活动中,凭借个性品质以及已掌握的知识和经验,通过新颖独特的方式来解决问题,创造出有价值的新设想、新方法、新方案和新成果的本领。创业素质的人才应具有的能力包括:创造力和创造精神、学习能力、技术能力、团队合作精神、解决问题能力、信息收集能力、敏锐的洞察力、研究和完成项目的能力以及环境适应能力等。在激烈的人才竞争和市场竞争条件下,大学生只有深刻理解了创业意识和创业能力的内涵,才能把握所学知识的精髓,灵活地将知识运用到创业实践中,为以后步入社会打下坚实的基础。

　　"大众创业、万众创新"既是引领我国社会发展的重要理念，也是推动我国社会经济增长的主要动力。刘忠艳认为，在"大众创业、万众创新"的时代背景下，优化和改进大学生创业教育，激发和增强大学生创业活力和能力，是当前财经类高校教育改革的重要课题之一。Colin 和 Jake 认为，创业教育就是通过培养人的创业意识、创业思维和创业技能，最终推动人的创业能力的培养。Carolyn Brown 认为，创业教育的实质就是帮助受教育者认识到机遇，并且整合一切教育资源，自我创造商机，注重创造和把握新的商业因素。在"双创"背景下，培养学生创新能力应从"双创"理论与实践背景入手，明确大学生创业能力发展的不足与问题；确立"国家、社会层面应做出的调整，学校层面应提供的帮扶条件，学生层面提高自身的安全感"等三个着力点，为构建"双创"背景下大学生创业能力培养的路径提供重要保证，提高大学生创业能力培养的全面性①。

　　大学生创业意识和能力的培养一直以来都是高等教育的一项重要任务。但是，由于一些因素的影响，制约了这一任务的顺利完成。由于受到我国传统历史文化和一些家庭、社会观念的影响，大学生形成了一些陈旧的思想，认为创业是一种一时冲动的行为，缺乏一定的创新和敢于挑战的意识，狭隘、片面地认为学好专业知识是学生的主要任务，创业与自己相距遥远，自主创业、主动择业的思想淡薄，缺乏胆量和意识去尝试和探索，加之大学生缺乏社会经验和理性、准确的自我认识，阻碍了大学生的创业激情，抑制了大学生创业意识和创业

①刘忠艳.精细化管理视阈下"双创"师资人才队伍建设研究[J].中国人力资源开发，2016(5)：85-90.

能力的形成。

长期以来，高校"重理论、轻实践"的人才培养模式使创业教育很难开展，尽管部分高校进行了创业教育的改革，但尚未形成完善的创业教育体系，并未取得理想的效果。在创业意识和创业能力的培养过程中，创业教育改革还停留在技能和操作层面，创业教育和专业教育混淆不清，缺乏科学有效的创业教育计划，未能教化和熏陶大学生的文化精神，使得大学生创业步履艰难，未能更好地滋生和培养大学生的创业意识和创业能力。

针对种种创业能力培养的限制，财经类高校应当实行一些措施来助力创业能力的培养。如转变传统的就业观念，在新的时代背景下，大学生需要转变传统的就业观念，摒弃"等、靠、要"的传统思想。当今的市场人才需求不仅要求大学生德才兼备，还需要具有较强的创新创业能力，能够感应时代的呼唤，冲破禁锢，开拓和创造更多的社会价值。财经类大学生应该充分利用自己的知识技能，想办法以自筹资金、技术入股等形式主动创造就业岗位，为社会创造更多的就业机会，谋求更多的经济价值。财经类大学生应该尽可能地参与创业教育和创造创业的机会，增强自己的团队意识，加强自身的知识结构和综合能力，提高自身的创业意识和创业能力，主动为自己的创业之路寻求更多的渠道。同时，财经类大学生还应该树立全新的人才价值观，敢于探索和尝试，不断提高自身的创业意识和创业能力，为以后步入社会创业打下坚实的基础。

财经类高校搭建大学生创业教育的实践平台，不但能够使大学生更好地了解社会、融入社会、服务社会，将理论专业知识与实践相结合,积累经验,提高自身的实践应用能力,还能够激发大学生潜在的创业意识,提高自身的创新创业能力。财经类高校可以利用先进的信息技术和资源,积极开展创新型的创业计划竞赛实践活动,如创业大赛、技能大赛、职业生涯规划大赛等,增加大学生创业理论知识和解决问题的实践能力,提高大学生的创业意识和能力。在搭建大学生创业教育实践平台的过程中,创业活动不能过于形式,财经类高校应该予以重视,提供一定的场所和经费,成立创业社团组织,吸引真正想创业的学生,在教师和专家的帮助下,切实开展创业活动,增强学生的创业能力和经验。同时,财经类高校应该建立校企合作模式,给大学生创业提供实践和学习的机会,激发学生的创业热情,培养学生的创业意识和创业能力,如营造良好的创业教育环境。

创业教育不仅是一种文化,也是一种教育理念,财经类大学生创业意识和创业能力的培养要始终贯穿财经类高校教育的课堂教学和课外活动,通过改革课程体系、教学方法、教学内容等方式,增强大学生的综合素质,提高大学生的创业意识和创业能力。财经类高校在开展第二课堂或其他学科的学习过程中,要有效地贯穿和渗透创业教育的思想,可以通过组织综合性的社团活动或举办一些创业教育的活动,烘托出浓厚的创业教育氛围,丰富校园文化活动,创设良好的创业教育环境,提高学生的创业意识和创业能力。同时,为了营造浓厚的创业教育氛围,增强学生的创业意识,财经类高校还可以通过校园广播、宣传栏等方式宣传创业教育,激发大学生的创业激情,也可以开展一系列的讲座、研讨、科研竞赛、辩论、创业交流、学术报告以及科技创新的活动,邀请创业校友或企业家到校指导,让大学生接受丰富多彩的创业教育。

在新的时代背景下,培养大学生的创业意识和创业能力是财经类高校的一项长久而艰巨的任务。在严峻的就业形势下,大学生应该敢于尝试和探索,积极投身于创业大潮中,不断地锻炼完善自我,丰富知识储备、加强实践技能,加强大学生自身的创业意识和提高创业能力。

第二节 财经类高校人才培养主要模式

随着我国经济社会的快速发展,肩负着为社会培养经济管理类人才重任的财经类高校取得了快速发展。当前,地区经济发展迅速,区域内财经类人才需求增加,财经类人才竞争日益激烈的背景下,财经类大学如何依托国家崛起抓住社会需求不断增加的发展契机,主动适应、全面落实国家和地方教育发展规划要求?实现学校建成"经济、管理类学科优势突出,在同类院校中特色鲜明,省内一流,国内外有一定影响的高水平教学研究型大学"的目标。人才培养是高等教育发展的核心任务。当前,深入分析财经类大学人才培养现状,积极探索人才培养模式改革与创新,为服务区域经济发展做出贡献,具有重要的现实意义。财经类大学坚持以可持续发展观统领学校发展工作,以提高学生综合素质,特别是专业技能为培养目标,积极探索人才培养模式改革,取得了一定成效。

根据教育部门的相关政策，要在财经类专业创新创业人才培养中注重专业学习和现实工作相结合，重视财经类专业学生实践能力的培养，重视对财经类专业学生创新创业人才培养模式的探索[①]。

财经类高校要积极吸收国内外优秀的教学模式和专业的教学经验，要在教学过程中注重财经类专业理论知识的培养，结合地区特色优势，与企业签订相关实习条例，对学生进行实践学习的培养计划。要在学习埋论知识基础上，鼓励学生进入企业学习。例如，在财经类专业实施"工学结合"培养模式，能加强学生实践能力的培养，保证学生成为企业发展所需要的适用性人才，这是目前各大财经类高校教学上所共同追求的。虽然各大高校纷纷借鉴优秀的人才培养模式，但是经过长期的研究与实践，在教学过程中仍然存在许多问题。例如：第一，社会环境背景下不利于"工学结合"人才模式的培养，工学结合模式缺少支持和指导，甚至缺少企业的参与支撑；第二，"工学结合"人才培养模式的体制机制上存在缺陷，体制机制上缺少管理机制，无法保证"工学结合"人才培养模式的顺利进行和具体落实，缺少具体的推行组织和管理机制；第三，"工学结合"人才培养模式具体实施改革力度不强，培养模式的培养计划、主要教学课程、教学方法、师资队伍、管理机构等均不够成熟；第四，财经类专业创新创业人才培养模式不能适应企业对于创新能力的需要；第五，"工学结合"人才培养模式在探索过程中，没有考虑到专业之间的差异性，"工学结合"人

---

① 曹迪. 财经类高校毕业生就业前景分析[J]. 全国商情·理论研究，2017 (34)：102.

才培养模式在所有专业培养中并不都适应。

我国财经类高校目前的人才培养模式也需要面对很多问题：第一，培养目标过于复杂，财经类专业包括电子商务、金融、管理、商贸、会计等专业，它涵盖的范围较广，有服务业、管理层、技术性应用人才。财经类不同专业之间面对的社会工作岗位不同，面对的工作环境不同、人群不同。不同专业的人才工作性质与工作模式都不同，工作适应程度由人才的综合素质与能力来决定，比如沟通表达能力、团队协作能力、创业能力、抗压能力等。因此，财经类专业的创新创业人才的培养不应仅从实践能力入手，更应该以综合素质能力为主。现有的财经类专业创新创业人才培养模式仅仅针对财经类专业人才专业技能的培养，忽略对其综合素质能力的培养等，财经类专业创新创业人才培养模式更是忽视了对学生创新能力的培养。这直接导致整个财经类专业创新创业人才培养模式存在教学内容的偏差。第二，培养体系的复杂性。财经类高校对于财经类专业的创新创业人才培养必须将学生专业知识、综合素质能力等作为培养目的，这是一项非常复杂的工作。另外，财经类专业各个专业之间的差异性是显而易见的，各个专业之间具有很难跨越的障碍。财经类专业需要训练职场适应能力和技能技术能力，必须加强财经类专业实训环境的建设。财经类专业学生必须具备勇于创新的精神，在工作中善于观察、总结分析并提出具有创造性的方案。在财经类专业教学中，必须重视对学生创造能力的培养。现实中，财经类专业人才培养模式还不完全成熟。财经类专业应该依靠当地区域经济的优势，建立新型的创新创业人才培养模式。第三，培养过程的多变性。财经类专业学生创新创业人才培养中,应加强学生对工作岗位职责和企业业务流程的熟悉程度,注重财经类专业课程结构的构建。人才培养模式中,专业课程内容应该与企业标准相结合。但财经类专业对应的企业背景不相一致,相关企业对职业资格证书认可程度存在较大差异。教学环境上,高校安排财经类专业实习,实习的地点相对来说过于集中,企业提供的工作岗位较少,为学生的实践学习增加了阻碍。教学改革上,财经类专业工作岗位专业化程度不强,这为财经类专业创新创业人才培养带来了许多变量因素,增加了财经类专业教学的难度和阻碍了财经类专业创新创业人才培养模式的改革。

针对上述财经类高校在人才培养过程中存在的问题,作者根据实践研究,提出了以下人才培养模式,可以运用到财经类高校的教育教学中。

一、创新工学结合培养模式

财经类高校创新创业人才培养应该坚持以满足社会企业对于人才需求为主旨,明确财经类高校创新创业人才培养目标,根据相对应的工作岗位明确相关工作职责。高校跟企业建立合作关系,与企业共同制定和完善财经类高校创新创业人才培养模式。在创新创业人才培养中要保证核心工作职能的培养,根据财经类高校不同专业的差异,制定不同的创新创业人才培养方案。根据不同行业背景和工作职能的需要安排合适的人才。灵活运用不同的人才培养模式,在专业差异化当中形成鲜明而有特色的人才培养模式。财经类高校不同专业之间根据自身的人才培养特色和理念制订出适合区域经济发展的人才培养计划,增加创新创业人才社会适用性能力的培养。

创新工学结合人才培养模式的实践,应充分体现"三化"和"四个结合"。"三化"是指能力培养专业化、教学环境企业化、教学内容职业化。"四个结合"是指教学培养目标、教学计划制订与质量评价标准的制定要企业与学校相结合;教学过程要理论学习与实践操作相结合;学生的角色要与企业员工的角色相结合;学习的内容要与职业岗位的内容相结合。近年来,工学结合备受重视,成为人才培养不可或缺的一环,目前已经逐步在专业建设、课程建设和实操教学中进行了大规模的实验和探索,积累了一定的经验,取得了一定的成效。然而,随着合作的深入,人员管理、资金短缺、利益分享、风险分担、产权归属、技术保密等问题成了工学结合的"瓶颈"。究其原因,主要有二:一是企业因循守旧,尚处在观望态势。企业作为生产主体,在谋求利益最大化的同时,也尽量规避不必要的风险,因此,企业接纳在校学生实习实训往往不太情愿,担心实习实训影响生产,增加劳动风险。同时,承担实习任务和顶岗实践的企业,管理成本和管理风险会相应增加,这就加剧了企业的顾虑。二是工学结合深入开展的最大阻碍在于高校自身没有足够的人才支持、政策支持和技术开发服务能力,大部分院校在人才培养、技术、场地、设备上没有优势,也往往不具备市场化经营的经验,在开展工学结合活动时比较盲目。此外,实施工学结合会大大增加院校的管理难度,学校还要承担师生的人身安全风险。因此,如何有效地利用企业高级技术人才和管理人才,并加以整合,是工学结合亟待解决的问题。综上所述,如何有效开展工学结合、创新合作模式、拓宽合作内容、拓展合作内涵、提高合作质量,是高职院校面临的具有挑战意义和战略价值的重要课题。

二、实施VBSE跨专业的综合实训教学改革

实训教学是高等教育教学体系的重要组成部分,是巩固理论知识加深对理论知识认识的重要途径,是培养学生实践能力和创新意识,实现社会所需的专业人才培养目标的重要环节。如何将所学的知识应用到实际工作中去,所学的专业知识在企业中是否有用,成了困扰学生的重大问题。多年来高校扩大招生,就业压力与日俱增,如何实现高等院校的专业培养目标与企业用人标准相对接成了高等院校,尤其是财经类高校面临的共同难题。

随着社会市场经济的发展,社会对人才的要求不断提高,只有注重素质与能力的双向发展,富有知识、技术、综合素质和创新精神的复合型专业人才,才会深受企业欢迎。财经类高校学生的培养应当适应社会主义现代化建设的需要,要培养既有经济知识又有管理知识的复合型管理人才,学生不仅要有经济分析能力,还要有组织管理能力、协作能力以及创新精神。这些能力的培养需要一个能够提高其整体综合素质的综合实训教学平台来实现,VBSE综合实训教学能够培养学生将所学的企业管理知识和经济知识与未来从事的实际工作相结合的能力,促进理论联系实际,有利于教育与实践相结合。通过VBSE这个实践教学平台,可以加深学生对专业知识的理

解和运用,了解和掌握实际工作中各个工作岗位的工作流程和工作职责,锻炼学生的表达能力和协作精神,培养学生的创新能力,为学生今后能够迅速适应工作岗位打下基础。

在VBSE这个实践教学平台,财经类高校可以积极做到以下几点。

(一)以任务驱动教学,倡导学生"学""用"相结合

采用学生为主教师为辅的教学模式,提倡学生主动学习。VBSE课程教学打破传统的以教师授课为主的模式,将以教师讲授为中心的模式转化成以学生自学、完成任务为主,教师协助为辅的模式。整个教学过程强调学生的主观能动性,从组建团队开始的自由组合、岗位体验时各部门岗位流程的熟悉和部门间的协作到最后的实训总结,全程以任务为驱动,教师在教学过程中起到穿针引线的作用。在这个过程中教师是参与者、任务的下发者和完成任务时的帮助者。这种教学模式要求教师转变教学定位,掌握好教学进度,对各项任务的完成时间和完成状况要及时跟进,妥善处理学生在完成任务时碰到的问题。采取"线上""线下"相结合的教学模式,提高学生的实际动手能力。线上任务学习依托VBSE软件平台的业务设计,采取"师徒制"的授课形式,由授课老师带业务到学生自行跑业务,在固定数据阶段(见习阶段)指导学生操作要点与规范,鼓励学生多做,不畏错误,自主学习、小组讨论、翻阅资料等,再由老师讲解,以错促学,加深印象。线下任务对课程进行补充,教师积极将每次参与企业调研的收获运用到课程任务环节设计中去,并邀请企业相关人员参与指导与教学。

互补式的实训课程设计较好地解决了学生知识运用难、实习难等问题。

(二)体现跨专业性,适当营造对抗氛围

VBSE以仿真模拟企业经营的方式将财经类高校各专业安排在一起实训。实训过程中将学生分为若干组,学生可根据自己的喜好选择自己将要见习的岗位,从事相应的岗位工作。在实训的过程中要求学生通力合作完成教师下达的各项任务,理顺各项任务间的业务流程,协调好各部门间的业务关系,将营销、管理、财务、会计、物流等相关知识融合到岗位业务中,这种方式合理巧妙地将财经类高校不同专业的学生聚到一起进行综合实训,打破了专业间的隔阂。虽然任务设定是VBSE教学平台既定的项目,但是为了丰富课堂知识和活跃课堂气氛,授课教师应当合理增加一些实际案例来补充岗位工作知识。此外,可通过设定业务竞赛等环节增强教学的实战性,营造小组间的对抗氛围,培养学生的团队精神和竞争意识。从而使学生变被动学习为主动学习,在实训中发现问题主动思考努力创新,培养了团结协作的精神,为学生毕业以后尽快成为一个优秀的员工奠定了基础。对教师而言,VBSE仿真实训能够使老师在真实效仿企业经营环境的情境下,让老师对企业的真实运营情况和业务流程更加了解,提高了老师的专业素质和理论联系实际的教学水平。对学校而言契合企业用人标准,能够实现培养目标,形成良性发展形态。

三、因材施教,实施"三"类培养计划

财经类高校要以人才分类培养为理念,面向全校学生开展拔尖人才、卓越人才和创业人才"三类型"卓越财经人才培养，为学生提供多元发展路径。

(一)拔尖计划

设立"拔尖计划"，致力于培养学术拔尖创新型人才。拔尖人才培养的核心是提升学生学术素养，增强他们的学术研究能力和创新精神。拔尖计划培养以对标国际、打通环节、强化基础为主要特征。对标国际即与国际一流大学同类学科接轨，构建与国际接轨的现代商学和经济学课程体系。建立数理经济实验班、金融实验班、公共管理实验班、英美法实验班等，从管理方式、课程设置、教学内容、授课方法等方面进行改革，强化英语教学、专业理论和方法论等方面的训练。打通环节即改革招生选拔制度，打通本、硕、博选拔环节。首先，可以提前"育苗"，通过在重点高中开设实验班、专业讲座、课题研究、建立专业实验室等培养中学生对经济管理学科的兴趣，将拔尖人才优质生源的培育和选拔工作前移。其次，根据教育部推免名额政策，可以灵活配置名额，按照50%的比例给经济学基础人才培养基地班等下达名额。此外，还可以推出"硕博连读"项目推进硕博连读研究生培养。强化基础即强化数学、英语与经济学基础训练。以经济学实验班为例，本科生课程设置除了要求打好数理基础，还要求强化马克思资本论原著和现代经济学理论基础的学习，改革基础教学;研究生培养重点强调对数理基础和经济学基础的训练，参照北美前20名研究型大学的经济学系的课程体系，结合中国的国情和学校的现实条件，从内容、层次、逻辑等方面对课程进行模块化、系列化设置。

(二)卓越计划

启动"卓越计划",以社会实际需求为导向,突出专业基础和实践能力,为学生提供更多实践、实习的机会,致力于培养会计、金融等行业精英和专门人才。卓越计划培养以对接需求、重实践实用、建立标杆为核心内涵。对接需求即深化与行业协会和企事业单位联合培养机制,加大行业企业在人才培养中的参与度,积极与合作单位联合进行培养方案设计,制定符合行业企业人才培养要求、理论与实务相结合的课程体系,实行定制化人才培养。大力推进专业学位研究生教育,增加职业发展规划教育,通过一系列实践项目以及其他实务部门的专题研究项目等,强化学生实践应用能力。重实践实用即加强实践教育,培养符合社会需求的实用人才,加强特色课程体系建设,教学模式上突出应用性与实践性,积极推行案例教学、行动教学的方式,采取校内主讲教师+若干校外兼职教师的组合授课模式,吸引具有丰富实务经验的外聘老师讲授案例与实例。通过实验让教学和研究活动更接近于真实的社会经济发展。建立标杆即建设教学实习基地和社会实践基地。

(三)创业计划

营造创业氛围、培养创业精神,培养学生的创新能力与创业意识,培养创业型人才。加强创业教育,即学校尽力推出大学生创新创业训练计划项目,加强创业类社团建设。努力整合资源,尽可能吸引社会资金,同时运用校内力量,为学生提供创业的实践平台。创新创业训练计划项目实施以来,学生创业热情高涨。加强创业实训，即依托学校进行创业创新项目孵化，为学生真刀真枪创业提供空间。培养创业精神，即鼓励学生参加创业等比赛，培育创业精神。当然财经类高校"3+3"财经人才培养模式还有许多需要细化、完善的地方。需加强总结、继续深化，进一步完善人才培养模式，输送更多适应国家发展战略需要和全球化竞争的卓越的财经人才。

总之，需要全面增强学生素质，重点走交叉复合型人才培养模式。知识和科技的快速发展造成了经济社会发展与高等教育之间出现了"高科技与低素质"的矛盾。财经类高校承担着为社会输送经济管理类人才的重任，对国民经济发展起到重要的推动作用。而地方性财经类院校对于区域经济发展的影响更为深远，只有全面提高学生的综合素质，才能适应当前激烈的区域竞争及国际挑战。与此同时，行业间的相互渗透发展要求高校在进行人才培养时，必须注重学科间的交叉与融合，为社会培养高素质的复合型人才。财经类高校应当承担对学生的社会责任教育，通过学分制对学生参加社会实践活动进行科学合理的认证，从而有效推动在校大学生积极投身社会实践活动。当然，大学生自身业应当树立正确的人生观、价值观和就业观，培养自身的社会责任感和使命感。

第三节 财经类高校人才培养的现状

在社会的发展过程中,各行各业对于高素质的财经人才有着迫切的需求,在这种社会环境以及国际背景之中,越来越多的财经类院校在教育界崛起,想要在这种情况下立于不败之地,财经类高校就要寻求自身的发展,不断地进行教学改革,加强对人才培养的重视,在实践中整合自身的教学资源,不断地优化、革新现有的人才培养模式。然而,现有的财经类高校在人才培养过程中还有许多需要改进的地方,财经类高校人才培养的现状依然不够乐观。下面主要从几个主要方面分析其现状。

一、财经类高校课程设置缺乏合理性

目前,世界各国财经类高等教育的国际化趋势越来越明显,欧美大学的商学院都在积极推进课程的国际化进程,值得借鉴。但是国内的许多财经类高校的课程设置不包含这一块。所谓课程国际化,主要表现在以下几个方面:①教育目标的国际化。从全球化视角来考虑高等财经教育的发展,提出要培养适应经济全球化、信息全球化、有国际竞争能力的高等财经类人才。②教育内容的国际化。通过增设有关国际化方向的专业或在原有课程中增加国际化内容,以实现国际化的培养目标。③教育合作的国际化。通过发展留学生教育、师生互换、合作办学、合作研究、国际会议等多种形式加强国际合作与交流。中国加入WTO,不仅给中国的产业结构、经济发展带来了巨大冲击,也给我国的高等教育特别是高等财经教育带来了严峻挑战。随着大量的跨国公司和国际资本进入中国市场,越来越多的中国企业也正走向世界,因此对精通国际经济与贸易规则、懂得国际惯例、掌握国际商业游戏规则、外语水平高、综合素质优的高级财经专业复合型人才的需求也呈几何级数增长。我国高等财经教育一方面要适应我国市场经济进程加快的步伐;另一方面要适应高等财经教育国际化的形势,加速教学改革,以课程国际化来促进高层次国际化财经人才的培养。教师教什么,学生学什么,最终的落脚点是一门门课程,课程直接制约着教育质量的高低,是学校能否培养创新人才的关键。财经类高校课程的国际化还处于初级阶段,完全可利用课程的国际化来提高教学质量,增强综合实力。只有这样,我们的学生才能逐渐蓄积势能,在经济全球化的今天不但能够学会生存,而且能与未来同行。

我国目前有几十所财经类高校,除其中五所为教育部直属院校外,其余皆属各省市、自治区,综合实力普遍不强①。财经类高校将国际化作为自己办学的战略目标,可将课程国际化作为显性抓手。为使课程国际化落到实处,首先是学校高层领导要重视,其次是要在院系领导、教师的层面上形成共识。学校可通过自己的教学指导委员会等机构,制定符合本校实际的课程国际化的政策,召开留学回国人员、学术带头人、青

①蔡柏良.教学型高校经济管理类专业建设的问题与对策[J].学术探索,2012(7):183-185.

年骨干教师研讨会,营造课程国际化的氛围。学校还应该发布课程国际化条例和实施细则,并且设立课程国际化的专项资金,从制度与经费上保证这项工作的顺利进行。课程国际化要有雄厚的资金作保障,而财经类高校的资源和经费毕竟是有限的。因此,要根据学校自身实际和特色,有所为,有所不为,把握好课程国际化的突破口,力争在规定时限内推出一批有价值的国际化课程。如果财经类高校计划在未来若干年内将自己的商学院打造成国际化商学院,就必须通过国际商学院联合会(The Association to Advance Collegiate School of Business, AACSB)论证,那就更需要筹划好自己的课程国际化工作,因为该论证的一个重要指标就是学院开设的国际化课程的多少。中外合作办学和留学生工作是目前财经类高校国际化的重要组成部分,课程国际化在中外合作办学中是个核心问题。目前在中外合作办学的商谈中,往往是国外大学在了解和研究我们办学水平的基础上,承认我方学分,合作才能进行,而我方对对方的课程体系却很难做出评价。如果我们的课程国际化程度高一些,那么学生派出效率和效益就可提高许多。在留学生工作方面,国际化课程的多少是决定留学生的规模与质量的一个重要因素。

另外,财经类高校要有专门小组来研究国外商科院系的国际化课程体系,集中开发和落实国际化课程计划,充分考虑教学计划、教学条件、英语学习的规律,将国际化课程有序合理地纳入到各专业的课程体系中,循序渐进,使各阶段过渡顺利,以期教学总体效果达到最大化。学校的教务处与院系在制定具体教学计划时,要在不同专业、不同年级的课程中分轻重缓急推出国际化课程。由于通识课程具有国际通用性,比较容易选择和讲授教材,也相对容易聘请到高水平外籍专家与教师,因此可考虑首先在通识课程中设立一些国际化课程,如批判性思维(critical thinking)、国际关系(international relations)、国际政治 international politics)、西方文明(western civilization)等。在具体的专业中,可先在选修课中开设,然后再在专业基础课和专业主干课中开设。如国际营销、国际金融、世界经济、国际经济法、国际商务、西方经济史等。设计的国际化课程体系可请校外资深专家参与评审,为确保课程内容的质量,可增加其考试成绩与国外大学的可比性,有效监控学术标准。学校的教务处、外事部门、院系必须通力合作,各司其职,建立专门的召集部门,建立一套快速反应体系,建立国际化课程的有效管理机构。从表面上看,国际化课程的教学管理主要由学校职能部门和院系共同完成,与教师的工作有些游离,但只要深入了解便不难发现,教师团队既是教学管理的客体,又是教学管理的主体。在聘请外专外教担任国际化课程的授课问题上,各院系要根据自身学科发展需要,物色并联系合适的聘请对象,并负责外专外教教学的实施,如帮助审查教材教案,做好教学管理和评估工作。学校的外事部门负责外专外教来华手续和生活的安排,并注意与院系衔接好。在推进课程国际化时,必须要有一系列与之相配套的科学规范的运行机制和灵活的实施办法。在短期外专外教的国际化课程的授课安排上,需要有灵活的课程安排机制,有的课程授课可在3~8周内完成,但考试时间可纳入学校的统一安排。鉴于目前财经类高校高水平师资的缺乏,学生水平的参差不齐,在国际化课程推出的初期,同一门课程可有两种规格,一种是普通课程;另一种是国际化课程。学生要有选择权,可任意选择课程、教师和学习方式;学校也有选择权,让外语水平高和学习能力强的学生先接受国际化课程教育,这样的课堂教学就比较容易组织,学生的满意度也会提高。财经类高校学生视野的大小是反映人才培养质量的一个重要指标。课程国际化是打造学生国际化水平的重要手段,但这是一个长期的过程,不可能一蹴而就。财经类高校应因地制宜,放眼未来,逐步推进课程国际化进程,形成本校课程国际化的特色和优势。

二、自主创业兴趣低

高校大学生创业是指大学在校生充分利用自身条件,通过自主创业等形式顺利就业并实现自身存在价值的活动。当前,高校大学生面临着严峻的就业形势,历史就业人数将达到一个新高点,意味着在校大学生就业面临着更加激烈的竞争。而就业岗位并未出现更大的缺口,这就要求毕业大学生寻求新的就业路径,因此,积极主动创业成为很多大学生的重要选择。与此同时,政府出台了相关政策,鼓励大学生自主创业。政府强调要全面推进创新创业教育和自主创业工作,加强创业课程体系建设,加大对大学生自主创业资金支持力度等,从政策上支持大学生自主创业。

财经类高校大学生创业与其他专业学生自主创业的特点又有诸多不同。

(一)专业性

财经类高校大学生的创业项目多有经管类专业的特征,以经济现象、行为调查分析类项目和自主创办企业类项目为主要类型。从专业设置而言，财经类高校主要以经济学和管理学专业为主，与创业所需财务基础息息相关，因此，管理学、会计学、财务管理等课程的开设，也为大学生创业提供了良好的基础。从知识结构而言，财经类高校大学生不仅拥有良好的理论基础，在校期间可以学习很多经营管理类相关课程，而且自身也可以较多地参与社会实践和创业大赛，在自主创业方面有更坚实的实践基础，他们对于如何开办属于自己的公司有更全面的把握。

（二）区域性

财经类高校大学生创业项目具有区域性的特征，不同地区的高校会针对当地经济发展的自身问题及情况，发现各具地方特色的创业机遇。以中央财经大学创新创业训练计划项目为例，"探索土地征用中大规模侵权的救济制度——以北京市良乡大学城城建为例"等项目都是依托北京及相关县市的实际情况，提供适合当地发展的政策建议与创业思路，具有很强的地域特性。

（三）实用性

财经类高校大学生创业项目有实用性的特征，创业项目不仅包括社会热点调查分析类项目，而且包括公司经营类项目，大学生可以着手开办自己的公司，如金融服务公司、教育培训机构、礼仪公司、各种 DIY 小店等。与其他院校的大学生不同，财经类高校大学生更愿意自己创办公司。

(四)小微型

财经类高校大学生创业项目还具有小微型的特征,从创业项目的角度来看,大学生创业项目多为小微企业,如校园商城、奶茶店、箱包坊等小型公司,高新科技类的具有更强竞争力的公司较少,这在一定程度上也会导致创业的同质化,缺乏创新,增加创业失败的风险。

根据目前这种现状,高校应创新大学生创业教育体系,加大创业教育改革。构建创业教育课程体系和教育模式。一是构建创业教育课程体系。教材及内容的选择必须以市场需求为导向,发挥大学生的主观能动性和创造性,逐步实现教材与创业实际接轨。高校大学生创业教育要逐步建立起科学有效的创业教育课程体系。二是转变教育模式。将大学生创业教育由精英教育向大众教育转变,由应试教育向素质教育转变。与创业实际相结合,坚持"走出去"和"引进来"相结合,让大学生有更多的机会进行社会实践。学校要有模拟实验室让大学生开办自己的企业,定期组织创业成功人士来学校开展讲座,激发大学生的创业热情。积极开展创业实践活动,大学生创业除了要接受创业教育培训外,更需要积极地参与创业实践。首先,高校可以通过开展"创业计划竞赛""模拟创业"等活动调动大学生创业的积极性。在已开展的活动中,"挑战杯"创业计划竞赛以及大学生创新创业训练计划项目是比较有影响力的。参加创业竞赛要求参赛者组成优势互补的创业小组,提出一项具有市场前景的产品或者服务,以获得风险投资为目的,完成一份完整、具体的创业计划书。在准备创业计划书的过程中,大学生对创业过程有了全面的了解,对今后的自主创业有很好的指导作用。其次,高校通过建设校园"创客家园"等实践基地为大学生提供创业实践的机会。在实践基地中,学校可以提供相应设备、启动资金、创业指导等,为有价值的创业项目提供小的平台,在校园环境中先予以孵化,待条件成熟后再进入社会进一步完善与发展。最后,高校应积极开展创业辅导。目前高校对就业指导非常重视,普遍成立了"大学生就业指导中心",负责对大学生进行就业培训,并为用人单位招聘大学生提供便利。同样,高校可以设置"大学生创业指导中心",组织开展创业培训课程与活动,针对有创业意向的大学生进行创业辅导,帮助他们寻找创业项目,把握市场机会,并为他们的创业过程提供各种辅导和便利。

总之,创业能力是一种以智力为核心的具有较高综合性的能力,具有较强的创造性特征,是一个人综合能力的体现。高校大学生应提升专业能力,深入学习专业知识,让自己在该领域有核心竞争力;提升方法能力,提高解决问题、捕捉机遇、信息辨别与处理等能力;提升社会能力,包括人际交往能力、谈判能力、企业形象策划能力、自我约束能力、合作能力、适应变化和承受挫折的能力等六个方面。

面对当代大学生抗压能力差、团队意识不强的劣势,大学生应注重创业精神的培养。树立远大的创业理想是大学生创业的前提,大学生创业过程中要有艰苦创业的精神、坚忍不拔的意志和敢于冒险的精神,在此基础上更要注重与他人积极合作,树立团队意识。只有政府、高校和大学生三个方面协力配合,才能实现大学生创业能力的提升,从而最终实现大众创业,推动国民经济持续健康地发展。

三、实践教材落后

国内各财经类院校财政学类专业较普遍地将人才培养定位为应用型，但由于人才培养方向和要求不尽相同，使得财政类专业人才培养涉及的核心课程也不尽相同，涉及的课程门类较多。调查显示，地方财经类院校财政学类专业所涉及的核心课程主要有"财政学""公共经济学""国家预算"（或"政府预算"）"国有资产管理""地方财政""西方财政理论""公债管理""中国财税史""中国税制""税务管理""国际税收""政府采购""纳税筹划"。除此之外，部分院校还开设了"预算会计""公共支出分析""非税收入管理""比较税制""财政专题研究""社会保障""税务稽查""专业英语"等。其中"财政学"和"政府预算"是各地方院校财政专业的共性核心课程，"中国税制"和"税务管理"是各地方院校税收专业的共性核心课程。与此同时，由于大多数地方财经类院校财政学类专业人才培养目标定位与中国人民大学、上海财经大学、厦门大学和复旦大学等院校财政学类专业人才培养目标定位不同，直接影响着教材的使用，重点院校财政学类专业使用的教材多以国外原版教材或国外引进教材为主，如厦门大学财政学专业使用的教材是哈维·罗森的《财政学》，复旦大学使用的是吉恩·希瑞克斯、加雷思·迈尔斯的《中级公共经济学》；而其他地方财经院校并不强调使用国外原版教材，多使用国内教材或自编教材，如很多院校使用的是陈共教授编著的《财政学》。

此外，绝大多数地方财经类院校制定了专业教材选用与管理制度，教材选用权主要集中于主讲教师。教材选用需要建立相应制度进行规范管理,一般实行学校、学院(部、中心)二级管理体制,即:学校教务处负责全校教材建设与规划、教材的汇总与订购、教师与学生教材的使用以及教材样本库建设等日常管理工作;各学院(部、中心)根据学校及人才培养方案要求,制定专业教材建设规划、教材预订计划,审核选用教材的质量,提出选用教材的建议。同时为了保障择优选用教材,学校开课一般使用国家"优、统、重"教材,比如"财政学"在大多数财经院校属于经济类专业必修课程,要求优先使用教育部和省教育厅推荐的优秀教材、各部委统一规划编写的教材、国家重点大学出版使用的教材。也有少数院校专业教材选用权分布于课程组长、教研室主任和系主任。

另外,教材建设投入不足,教材创新滞后于财税改革步伐,高水平成果偏少。长期以来,各地高校重科研、轻教学现象十分严重,科研导向和激励往往导致教材建设投入严重不足,不仅体现在政策资金支持上,也体现在教师精力的投入上,大多数院校没有将教材编写成果纳入考核、职称晋升成果范围,难以调动教师编写教材的积极性,导致财政学类专业高水平教材数量偏少。调查结果显示,财政类专业教材中获得国家立项教材种类很少,而获得国家立项的学校也很少,即使是省级立项的教材也不多,地方财经院校获批省级以上立项的教材则更少,尤其是实验教材,种类和质量都堪忧,现在高校越来越强调学生实践能力的培养,尤其是很多普通财经高校主要为地方培养应用型人才,教育部对实践教学也有规定即"实验课程占学分不得低于全部学分的15%"。所以,很多高校设立了相应的实验课程,财政学类专业中实验课程主要有

"税务管理""国家预算""资产评估""中国税制"等。但是实验课程教材编写滞后，不受重视，无法满足实验课程的需要，导致很多实验课程流于形式。教材建设投入不足，高质量成果偏少将严重制约财政学类专业的发展。与此同时，教材创新滞后于财税改革步伐，教材建设是一项艰巨复杂的工程，从规划、立项、编写到出版发行，需要较长的周期。而我国现阶段财税制度又处于变革之中，出于培养应用型人才的需要，要在教材中及时反映科学理论和财税改革新情况，及时补充财税改革新知识，这样才能让学生了解本学科最新制度动态，掌握最新的知识内容，使学生的知识层次与财税制度改革、发展水平同步。而现实中的教材建设跟不上财税体制改革的步伐，由于教材更新不及时，财税制度改革新知识的补充，完全由教师在教学过程中自主决定，这必然导致教学内容的随意性。

教材缺乏质量跟踪评价与反馈机制。教材质量高低、能否使用需要相应的质量评价机制，但调查结果显示，大多数地方院校只是规定了教材选用程序和选用标准，而对于所使用的教材教学使用效果尚未建立相应后续跟踪评估机制，即使是使用国家级、省级规划教材也是如此。在调查中，无论调查的对象是学生还是教师，普遍反映的问题是：即使是一些国家级、省级规划教材，也存在许多问题甚至是错误。而对于在教材使用过程中发现的问题，理应及时反馈给出版社和教材编写者，但由于沟通渠道不畅或缺失，导致教材修订再版存在同样的问题和错误也就不足为奇了。

教材编写缺乏校际协作，影响教材在各院校的适应性，本科、研究生教材缺乏层次性。无论是立项教材还是非立项教材,财政学类专业教材编写普遍缺乏校际协作,往往是单个院校根据自身教学需要组织本专业教师进行编写,即使是国家立项的教材,其他学校教师参与的比例也非常低,致使实际使用中难以达到普遍适用性。许多财经类院校财政学类专业教材建设和使用中本科、研究生教材缺乏层次性,不仅体现在"财政学"课程上,还体现在"中国税制""政府预算""西方财政理论""地方财政学"等多门课程上。一般是本科生有教材,到了研究生阶段,基本上就没有教材了,讲课内容往往以专题为主,教师可以临时发挥。本科和研究生教材内容如何衔接,各自的范围、重点如何界定,目前比较模糊。

第二章 财经类高校人才培养的制度构建

第一节 财经类高校人才协同培养制度构建

随着"大众创业,万众创新"理念的深入推进,我国围绕建设创新型国家的战略目标,加快推进创新驱动发展战略、人才强国战略和培养自主创新能力方面开展了大量卓有成效的工作。广大学者和高等院校行政管理者也深刻认识到协同创新培养专业人才已经成为高校重要的发展战略。推动创新型人才协同培养,就是以"协同"为手段,创新体制机制,促进高校、政府、金融企业等各类办学资源的有效融合,全面实现高校的人才培养质量。因此,如何构建创新创业型人才"多元协同"培养机制,就成为当前高校创新创业人才培养亟待回答的迫切问题。

一、"协同培养"培养机制的理论基础——协同创新

关于"协同创新"的界定,美国麻省理工学院的研究员彼得·葛洛认为,"协同创新是由自我激励的人员所组成的网络小组形成集体愿景,借助网络交流思路、信息及工作状况,合作实现共同的目标。"从这个论述来看,协同创新原指组织内部各要素的配合协助并实现共同目标。但随着经济社会的发

展,组织内部的协同创新逐渐发展到组织之间的协同创新,以至于包括产学研协同创新在内的各种综合性的协同创新。因此,协同创新既有组织内部的协同创新,也有组织与组织之间的,即组织外部的协同创新。内部协同创新是指创新主体是组织本身,其实现途径主要依赖于组织内部要素之间的互动;外部协同创新的实现途径主要取决于组织与其他相关主体之间的互动。总之,协同创新是各个创新要素的整合以及创新资源在系统内的无障碍流动。协同创新是协同学理论在科技创新领域的扩散和应用,是将不同的创新要素构建成为一个动态运行的生存系统,各个要素之间建立资源共享和优化配置,最终产生创新领域的协同效应。该理论的提出,在于将协同思想引入到创新过程之中,使创新过程中各创新主体在发挥各自作用,提升自身效率的基础上,通过机制性互动使创新活动产生质的变化。

作为一种思想理论,协同创新具有如下一些基本特征:①目的性。协同创新的开展和实施要以特定的目的为导向,并能根据发展的需要不断自主调整发展方向。协同创新就是力图实现系统内各要素之间的良性互动,进而有效实现共同目标。②系统性。无论是不同社会主体之间的协同创新活动,还是组织内要素之间的协同创新活动,都具有特定的目的、结构、功能和方式,表现出统一的整体性,以产生"1+1 > 2"的良好效果。③动态性。协同创新是一个涉及多主体、多要素相互作用、相互促进并有机统一动态的过程,如资源、人员、信息的交流及反馈,这种有秩序、有规律的相互作用促使系统保持一种动态的平衡。④开放性。协同创新体现了多方融容、合作共赢的观念,强调的是消除主体之间或要素之间的壁垒,通过协同创新各方的有效融合,来实现资源的高效整合,提高资源利用效益,使之释放出更大的内在价值。

协同创新理论具有丰富的内涵,具体在人才培养上,表现为协同育人。协同育人是各个育人主体以人才培养为目的,在系统内共享资源、积聚能量的有效互动。协同育人是协同创新的应有之义,因为在政府主导作用下,学校、行业、企业之间的协同创新有两个方面的目的:一是人才培养和使用;二是科技研发和知识增值。这两个方面紧密联系,不能割裂,如果割裂开来,系统各要素就难以有效互动并产生协同效应。协同育人在微观上丰富了协同创新的内涵。基于协同创新理论,作者认为,"协同培养"培养机制是培养创新创业人才、实现协同育人的重要途径①。

二、"协同培养"培养机制的基本内涵与现实意义

(一)"协同培养"培养机制的基本内涵

在社会领域,"机制"一词指的是社会系统内部各部分之间相互联系、相互作用的关系以及因此产生的促进、维系、制约系统运行的内在工作方式。人才培养机制是人才培养工作过程中的一种规律性的运作方式,是相关要素之间相互联系、相互作用的制约、促进等关系。"协同"既可指一个组织内部各要素的协调一致,互相配合,以实现组织目标;也可指组织之间各参与主体为了更宏大的目标而互相配合。因此,创新创

---

①蒋丽香. 关于加强高等财经类院校通识教育的思考[J]. 湖北经济学院学报(人文社会科学版), 2013(4):165-166.

业人才"协同培养"培养机制是在创新创业人才培养要求和目标下,人才培养各相关因素之间发生相互影响、相互作用的制约及促进机理,是高校与外部环境之间以及高校内部各要素之间所形成的互动关系的总和。创新创业人才"协同培养"培养既包含学校与外部的协同培养,即政府、学校、行业、企业等不同社会主体之间的协同培养;也包含学校内部的协同培养,即学校内部与创新创业人才培养相关的各要素之间的协同培养,是高校内部协同培养和外部协同培养的统一。外部协同培养实质上是通过突破政府、学校、行业、企业等不同社会主体间的壁垒,形成一个相互作用、相互配合的网络系统,以达成人才培养的协同效应。学校内部的协同培养是指学校内部与创新创业人才培养相关的不同要素、不同部门共同协作、相互补充、配合协作,实现资源优化配置、行动最优同步。

(二)"培养协同"培养机制的现实意义

创新创业人才的本质特征决定创新创业人才培养需要多方协同培养。所谓"创新创业人才"是指具有创新创业思维与视角,有能够发现新问题、解决新问题、发明新事物和开创新领域能力或潜质的人才的眼光。它与普通大学生的最大区别在于,创新创业人才既具有创新意识、创新思维、创新能力和创新人格,又具有创业意识、创业精神和创业能力。能力素质培养目标的不同使得创新创业人才的培养模式与传统的人才培养模式有着根本的不同,创新创业人才培养更注重教育空间的拓展与开放,使学校教育与社会实践实现"无缝对接"。创新创业人才的培养不能再依赖高校单一主体进行,需要培养主体与培养环境的创新,即借助于其他主体获得人才培养需要的实践环境。多元主体主要包括政府、高校、行业以及以企业为主体的社会组织,创新创业人才培养需要这些多元主体的共同参与、集体行动与协同培养。创新创业人才培养的现实困境决定创新创业人才培养需要多方协同培养。近年来,国内高校在创新创业人才培养方面作了大量的探索与实践,并取得了一定的成绩,但与创新创业人才培养目标的要求还有较大的差距,还存在教育资源不足、体制障碍及协同参与度不高等一系列突出问题。创新创业人才培养是一项系统而复杂的系统工程,需要政府的支持、以企业为主体的社会各界的参与以及高校自身进行实践创新。创新创业人才的培养不是一所大学能够独立完成的,是多元主体共同协作的过程,各参与主体在培养系统中应该承担不同的责任,发挥不同的功能。政府、高校、行业与企业协同培养创新创业型人才,有利于发挥各育人主体的资源优势,激活资源存量,放大资源效能,有效实现人才培养目标。

三、"协同培养"培养机制体系的构建

不管是外部协同培养和内部协同培养,其内部都包含不同的子机制,每个子机制作用的发挥,都需要其他子机制的支持与配合。这些相互协调、相互促进的不同子机制共同构成"协同培养"培养机制体系,从而形成系统的有序结构,以达成协同培养目标。创新创业人才培养活动有序运行的关键在于这些子机制之间产生协同作用。

(一)外部协同培养机制体系

以政府、学校、行业与企业为主体的外部协同是一种跨组织的战略协同,实质上是政府、学校、行业与企业等四个子系统之间通过相互作用构成的一个动态、开放的协同人才培养体系。政府、学校、行业与企业为主体的外部协同关键在于通过协同创新,打破政府、学校、行业与企业的界限,切实提高资源整合能力和活动组织能力,实现不同主体间的充分合作以及教育资源的有效聚合。

1.深度参与培养过程机制

创新创业人才培养过程是一个多主体共同参与的开放过程。这种开放性体现在:一是参与专业设置论证。作为创新创业人才培养和输出机构的高等院校,必须建立起一种能主动适应社会发展变化需要的专业结构调整优化机制,前瞻性地预测经济社会发展趋势,及时调整专业设置,充分实现专业设置与产业需求相对接,使人才培养更好地适应区域经济与市场需求。二是参与培养方案制定。为提高人才培养的适应性,要定期邀请行业专家为师生做本行业发展趋势报告,让师生了解专业发展的前沿动态。在制定培养方案之前要深入了解行业企业的最新需求,收集用人单位对于人才使用的反馈信息。以创新创业能力培养为核心,重构课程体系,构建财经类高校与企业之间连续的人才培养体系。三是参与教学过程实施。共同开发产学研合作特色课程。有些实践类课程或理论课程部分教学环节可以直接到企业学习;部分课程也可聘请业界兼职教师来校独立或与校内教师共同实施教学。四是参与培养质量评价。创新创业人才的培养,有其特殊的一面,更强调实践性和创造性。在具体的质量评价中,要以创新创业能力评价为导向,改革传统的评价模式,构建用人单位、校外指导教师等多主体共同参与的质量评价模式。

2.教育资源共建共享机制

资源缺乏导致的培养能力不足是高校创新创业人才培养面临的重要问题。政府、学校、行业、企业协同培养人才的重要目的是实现教育资源共同开发、利用和共享。政府、高校、行业和企业具有不同的资源优势,在协同培养人才中应实现资源共享。政府利用制定政策、统筹协调职能优势和财政资源优势,定期发布人才需求计划,为高校专业调整提供社会需求依据;利用政策和财政支持,鼓励和支持企业参与学校人才培养工作,尤其是接受大学生实习;利用统筹协调功能,搭建政校企合作人才培养平台。高校拥有丰富的教育资源,具有强大的技术优势和人才优势,一方面要培养适应地方经济社会发展需求和合作企业发展需要的人才,同时利用学校教育资源对地方政府和合作企业职工进行培训和终身教育服务;另一方面要充分发挥技术和智力优势为地方经济转型、产业升级以及合作企业的技术创新、产品升级、管理改善服务。行业作为一种中介组织,一方面要将相关产业的发展需求、行业企业对人才的能力需要反馈到高校,指导高校人才培养改革;同时,发挥桥梁作业,促进政府、高校和企业之间的沟通合作。企业具有真实的实践环境,拥有先进的技术设备和大量的具有丰富实践经验的创新创业人员,可以通过合作共建作为学生实践教学基地、就业创业基地和用于科技成果转化的实验场所。

3.教师队伍协同建设机制

创新创业人才培养对财经类高校教师队伍建设提出了更高的要求,无论是教师队伍的结构,还是教师个体的知识、能力与素质。教师队伍构成方面,不仅要包括专业教师,还要包括创业教育教师和创业指导教师等人员;同时,专业教师要不断积累相关专业实践经验和创业实践技能,熟悉产业行业发展趋势和相关政策,在专业教育中合理渗透创新创业教育。但目前,无论是教师队伍人员构成,还是专业教师的知识、能力与素质,与创新创业人才培养的要求还有相当大的差距,协同建设机制是解决这一问题的有效途径。一是引聘业界优秀人才充实教师队伍。为解决教师队伍数量不足和改善教师队伍结构问题,在引进业界具有丰富实践经验的高层次专业人员充实教师队伍的同时,可聘请相关专业技术人员、资深管理人员以及具有创业实践经验的创业者、企业家到学校担任兼职教师。通过引聘具有行业企业背景的专职教师和兼职教师,既解决数量不足的问题,又优化了教师队伍结构。二是加强校内创新创业型教师的培养。制定相关政策,鼓励教师参与行业企业、科研院所的创新创业实践;鼓励教师参与行业企业、科研院所项目开发与研究,或合作开展创新创业项目;创造条件支持具有较强创新创业意识的教师带领学生创新创业。

4.多方利益互惠动力机制

不同的社会主体有不同的利益诉求,协同培养人才的关键在于谋求政府、财经类高校、行业和企业等多方主体的互利互惠和优势互补。互利互惠和优势互补要以人才培养为核心,但不局限于人才培养。利益互惠是协同培养人才的合作基础与动力源泉,取决于合作者的共同需要及合作者之间内部相互利益的驱动。利益互惠动力机制,包括两个方面:一是外部利益驱动机制。利益驱动是推动政府、财经类高校、行业和企业协同培养机制良性运转的纽带。企业参与校企合作的动因主要有赖于利益的维系,缺少利益共享机制的校企合作不可能长久维持下去。在这方面财经类高校要主动提供服务,争取政府、行业和企业的合作与支持。二是内在利益需求机制。内在需求是增强相互合作积极性的最主要因素,单靠外部推动是难以维持长久合作的,单有一方的积极性也是难以实现的,只有具有相互结合的需要,才能产生相互持久合作的行为,合作各方需要从各自战略发展的高度认识政产学研合作问题。其中关键是企业需要建立校企合作人才培养的内在需求机制,激发对校企合作人才培养的需求。现代企业发展的特征来看,企业的研发能力和研发水平成为其发展与突破的关键问题。现代企业的发展对技术和人才的依赖越来越强,协同培养人才可以有效解决企业人才引进与员工培训的双重问题。

5.外部多方协调管理机制

多元主体协同培养相对于高校单一主体培养存在的突出问题是多元主体之间面临错综复杂的关系。由于合作各方隶属于不同的组织系统,在不同的利益诉求下,不协调因素时有发生,而创新创业人才培养是一个长期的过程,需要多元主体之间有相对稳定的、长期的合作。如何使参与培养的各主体能够集体行动,形成合理分工、利益平衡、责任共担的协作机制,是创新创业人才培养能否顺利推进的关键影响因素。建立组织化的合作联盟是创新创业人才协同培养的组织保证,合作各方需要建立多层面的组织协调管理机制,以解决合作中可能产生的矛盾与冲突。一是决策层面。政府相关职能部门、财经类高校、行业与合作企业成立创新创业人才协同培养联盟,建立由联盟成员单位主要领导参加的定期会商制度,商定合作框架,负责重大事项的决策;联盟下面组建创新创业人才培养委员会,统筹协调创新创业人才多方协同培养中的相关工作。二是操作层面。政府相关职能部门、财经类高校、行业与合作企业各自设立内部管理机构,并安排相关工作人员具体负责合作事宜;组建创新创业人才协同培养工作小组,负责多方协同培养中的日常运行管理工作。

(二)内部协同培养机制体系

目前,国内财经类高校由于不同院系、学科与专业以及不同部门之间边界清晰、条块分割,办学资源分散、封闭,有限办学资源难以有效地转化为人才培养资源,导致人才培养缺乏整合统筹、集成优化的资源条件支撑,直接影响到人才培养质量和效益。为此,高校要以提高创新创业人才培养质量为目标,通过构建内部协同培养机制体系,将原先相对分散的资源集成到创新创业人才培养过程之中,促进资源充分共享并发挥"1+1>2"的集聚效应。

1.课内与课外协同培养机制

创新创业型人才本质上是一类实践型人才,这就要求创新创业教育必须坚持理论学习与实践训练相结合、第一课堂与

第二课堂相衔接的原则。受传统的观念和划分方法的影响，第一课堂与第二课堂长期处于割裂状态，开放性和融合性缺失。培养创新创业型人才，必须建立课内与课外协同培养机制，使第一课堂与第二课堂从相对割裂走向相互融合，从单一育人走向协同育人。首先，确立课内与课外协同育人理念，明确创新创业人才培养目标，明晰第一课堂与第二课堂培养目标和功能；其次，根据创新创业型人才培养目标定位，创新第一课堂课程培养体系、整合规范第二课堂课程培养体系，形成既相对独立又相互渗透、交叉融合的创新创业型人才培养体系，使专业教育与创新创业教育有机融合；最后，搭建第一课堂与第二课堂有效衔接的平台，拓展校内实验教学平台、校外实践教育基地等育人功能，将专业教育资源打造成创新创业教育实践平台，使专业教育与创新创业实践有机结合。

2.跨学科专业交叉培养机制

在大学内部，学科专业的建制化为现代大学功能的实现创造了专业化、规范化、科学化和高效化的条件，使现代大学的功能得到了极大的拓展和充实；但学科专业建制也是一把双刃剑，使现代大学诸多活动集中于学科专业范围，不利于创新创业人才这类新型复合型人才的培养。创新创业人才的培养需要建立跨学科、专业交叉培养机制，促进人才培养由学科专业单一型向多学科融合型转变。一是可以直接设置跨学科专业。通过设置跨学科专业来培养创新创业人才是一种最常见的人才培养模式，也是国际上许多发达国家本科专业建设的共同趋势。二是拓宽专业口径。一种途径是按大类招生、分流培养，一、二年级按大类培养，三、四年级分专业、专业方向培养,学生可根据自己兴趣自主选择专业、专业方向。另一种途径是通过建立平台课程,打通一级学科或专业类相近学科专业的基础课程;开设跨学科专业课程,或学生根据需要选修其他学科专业课程,增强课程设置的多学科性和选择性。三是推行双学位和主辅修专业制度。鼓励学生在主修专业之外攻读第二学位,或辅修其他专业。四是成立跨学科人才培养试验班。打破学科专业界限,在课程设置上体现出明显的多学科性和高度的综合性。

3.教学与科研协同育人机制

教学与科研相结合是发展学生智力、培养学生创新能力的有效手段,需要实现教学和科研的良性互动。与科研院所科研不同,大学的科研工作具有教育性,这种教育性一方面体现在"研究性的教";另一方面体现在"研究性的学"。培养创新创业型人才,需要充分发挥科学研究的育人功能。首先,通过科研活动提高教师的学术水平和创新创业人才培养能力。教师通过科研掌握学科前沿知识和专业发展方向;将科研成果转化为教学内容,促进教学内容的更新;积极吸收学生参与课题研究,并将自己的科研活动过程"教学化",使学生在参与科研过程中训练科学思维,掌握科研方法,提高科研素质和水平;将科研方法转化为教学方法,实施研究性教学,使科研训练融入课程教学过程。其次,通过科研活动培养大学生创新思维和提升创新创业能力。积极支持学生参与科研活动,让学生早进课题、早进团队、早进实验室;通过开展大学生科研立项,使学生在教师指导下自主开展研究活动;指导学生开展学科竞赛、创业大赛等创新创业活动,将可培育的创新项目孵化成创业项目。

4.学科专业一体化建设机制

学科建设与专业建设是高等学校建设的两个最主要的方面,从理论上讲,学科建设与专业建设两者之间是一种相互依存、相互促进的关系,但由于未形成学科、专业一体化建设机制,使得两者之间在实践中经常存在诸多矛盾和冲突。在财经类高校的学科、专业建设过程中,不应将学科建设与专业建设割裂开,而应该共同建设,协同发展,促进两者的融合。一是统筹学科专业建设规划。以学科建设为龙头,将专业建设纳入到学科建设的规划之中,合理确定学科建设与专业建设的目标、内容与措施。二是学科建设反哺专业建设。以内涵建设为核心,打破原有的学科建设与专业建设之间的机制性障碍,通过学科建设为专业建设培养高水平师资队伍,促进专业特色的形成,提供优质教学资源和教学条件。三是构建学科专业一体化建设的组织体系。从学科建设与专业建设的内在协同关系来看,良好的学科专业组织体系是促进学科建设与专业建设的协同联系,提高本学科人才培养质量的关键。

5.校内多部门联动培养机制

协同创新是将各个创新主体要素进行系统优化、合作创新的过程。国内高校内部一般来说是各教学、科研单位自成办学体系。同时,不同的工作由不同的职能部门负责,实行条线管理,如本科教学和专业建设工作是一般由教务处负责,第二课堂主要涉及学生处和团委,科研工作主要是科技管理部分负责,学科建设一般是学科建设办公室(或研究生处)负责,教师队伍建设又涉及人事管理部门。这样的管理体制有利于工作的专业化,但由于没有建立起相互衔接的、畅通的信息沟通与协调运行机制,部门之间缺少协作与配合,未能形成有效协同。在财经类高校内部协同人才培养过程中,组织结构创新的关键是打破条块分割、各自为政的工作管理体制,使得办学资源按照创新创业人才培养的内在规律要求实现无障碍流动。实现课内与课外协同、跨学科专业交叉培养、科学研究协同育人、学科专业一体化建设,需要自我打破校内条块分割,建立创新创业人才多部门联动培养机制。决策层面,成立由校长任组长、分管校领导任副组长,教务、学生工作、团委、人事、科研、学科等相关部门负责人参加的创新创业人才培养工作领导小组,解决创新创业人才培养中的重大问题;操作层面,成立教务部门牵头,学生工作、团委、人事、科研、学科等部门齐抓共管的创新创业人才培养工作组,具体协调创新创业人才培养工作。

第二节 财经类高校人才培养综合评价制度构建

财经类高校人才培养综合评价体系是一个多层次的以及系统性、综合性较强的评价指标体系,通过构建该评价指标体系,综合反映高校教育人才培养质量的整体状况,为积极推进财经类高校创新创业人才培养提供重要的决策参考。由此可见,构建财经类高校人才培养综合评价制度,需要坚持一定的评价体系构建原则,包括坚持科学性、系统性、层次性、可操作性、动态性等原则。

科学性原则:财经类高校人才培养综合评价制度的构建,应坚持科学性原则,能够科学、客观、合理地进行财经类高校人才培养的特点和规律,能够准确地揭示财经类高校人才培养的内在本质。在财经类高校人才培养质量评价体系的构建中,还要结合财经类高校人才培养的实际状况及特点、规律,科学、合理地选择评价指标,应尽量减少指标选取的盲目性,能够真实、客观地反映财经类高校人才培养质量状况,充分体现科学性原则。

系统性原则:即由于财经类高校人才培养综合评价制度是一个完整的、系统的评价体系,因此,财经类高校人才培养综合评价制度的构建应坚持系统性原则。虽然各评价指标分别从不用层面、不同角度构成了财经类高校人才培养综合评价制度,且各评价指标之间是相互独立的,但在整个评价指标体系中,不同指标之间又有着内在联系,它们共同构成了系统的人才培养质量评价体系,各评价指标之间是一个不可分割的系统的整体。

层次性原则:即由于财经类高校人才培养综合评价制度是一个复杂的、系统的评价体系,因此,为能有效地对财经类高校人才培养进行系统评价,其人才培养质量评价体系的构建,需要坚持层次性原则,即该人才培养质量评价体系应是一个多层次、多角度但又结构分明的评价体系,通过该分层化指标体系,能够从不同角度对财经类高校人才培养质量的不同层面进行评价,并共同构成人才培养质量的总体评价结果。

可操作性原则:即财经类高校人才培养综合评价制度的构

建,应坚持可操作性原则。由于构建财经类高校人才培养综合评价制度的重要目的之一就是为现实提供服务,因此,财经类高校人才培养综合评价制度的构建,应充分考虑指标数据查找和测算的可行性,以及在数据搜集和统计过程中的可操作性,以便能够采取科学的评价方法对财经类高校人才培养综合质量进行有效评价。

动态性原则:即由于高校人才培养质量是一个时刻变化的值,始终处于一个动态变化的过程中,因此,在构建财经类高校人才培养综合评价制度当中,需要坚持动态性原则。通过将动态性原则考虑到财经类高校人才培养综合评价制度当中,能够更好地体现和反映财经类高校人才培养质量的动态变化特点,充分体现财经类高校人才培养综合评价制度的科学性特点。

根据以上基本原则,财经类高校人才培养综合评价制度的构建有以下几个方面可重点考虑。

一、坚持人才培养综合评价制度多元理念

从评价的类型上讲,财经类大学的人才培养综合评价制度包括外界对学校办学水平的整体评价,外界对财经类大学人才培养质量的评估,财经类大学对教师教学、科研和社会服务的评价以及学生对教师课堂教学质量的评价等多个类型,应针对不同内容的质量保障,设置多元化的质量标准和质量评价指标。与此同时,从办学定位和人才培养质量要求来看,财经类大学人才培养综合评价制度与一般大学的不同之处在于对实践应用特征的关注,实践教学所占比例更高。评价体系

既要体现现有高校的一般性指标,还要体现自身应该具备的实践应用性指标,另外,需要坚持更加开放、多元的理念,在借鉴普通高等学校本科教学质量评估及国外财经类大学人才培养综合评价制度经验的基础上,进行整合创新,建构出符合财经类大学人才培养综合评价制度的评价指标和评价体系。目前,许多新兴产业的评价指标通常都是在借鉴其他相邻或相近行业的基础上发展起来的,例如互联网市场中的很多企业,评价标准多来自发达国家的互联网行业。对于财经类大学的质量评价亦可秉持质量评价的多元理念,采用借鉴的方式,通过学习、吸收发达国家财经类大学质量评价经验,结合国内财经类大学建设的实践加合理转化,探索出具有中国特色的质量评价模式。例如从教学质量、科研质量以及社会服务质量等方面来进行分析。

下面从社会服务质量方面来具体分析,服务社会作为高校责任之一,是现代化大学的标志。就财经类大学而言,应将社会服务作为高校质量评价的内容。基于财经类大学的自身特点和社会需求,社会服务质量的评价内容主要包括以下四个方面。

(一)咨询与技术服务质量评价

财经类大学作为应用型人才的培养基地,对应用技术领域有其独特的视角和审视方式,可为政府和企业提供一定的政策性建议和意见。

1.政府咨询服务评价

教育作为一种"价值性产品",对个体而言,个体可以从接受教育中受益;对政府而言,国民素质的提高对国家经济繁荣和社会发展也具有重要意义。首先,应根据经济社会的发展趋势,准确把握企业行业的发展方向,发挥智库作用,为政府提供政策建议。其次,配合并接受政府相应的评估和问责监督,因为学生成绩的好坏直接与学校乃至教师的绩效相联系。如此可以使学校教育达到国家要求的标准,更好地为培养社会需要的人才服务。此外,政府在应用性领域进行政策制定、项目决策时,需要高校提供专家咨询服务。财经类大学可与政府合作,创办或建立相应的机构或组织,承担社会工作和公共服务的研究推广、咨询服务、专业训练、督导评估等工作。

2.校企合作效果评价

财经类大学应根据自身的特点和优势,与技术先进的企业和单位深度合作,基于企业遇到的技术问题或者技术瓶颈,由学校相关专业经过研究提出改进意见和施行措施。另外,企业基于自身发展需要寻找研究项目,然后与学校进行沟通,由学校来进行实验产品的开发研究工作。这样可将理论知识和科研成果快速转变成产品或实际策略。针对学校和企业的合作效果进行评价,对应用技术型人才的培养至关重要,是财经类大学人才培养质量保障体系的重要内容。对校企合作效果的评价需要重点关注以下内容:首先,学校要设立企业与学校合作的创新基地,成立技术革新联盟,鼓励技术科研中也利用应用技术型大学的科研成果,面向整个市场与企业的需求,把科研成果转化到实际生产上。其次,学校要加强与企业合作,把教育与生产实践相互融合转化,提高人才的素养,促进科技在实际生产中的运用。再次,企业与学校合作的基地要找准研究的方向,有计划地开展合作,采购科研设施,创新出的科技成果要及时转化为生产办,为企业和学校创造效益,这样不仅可以为学校提供科研经费来源,还可为企业提供技术咨询、市场调研、技术服务等。

(二)人才培养与培训质量评价

教育与人才是过程与结果的关系,人才培养是高校教育质量的核心所在,对财经类大学而言,人才培养更是其生存和发展的关键所在。而继续教育与培训作为财经类大学帮助社会上有学习需要的人进一步学习和深造的一种方式,是财经类大学服务社会的形式之一。

1.人才培养质量评价

对财经类大学人才培养质量的评价是检验其财经类高校人才培养综合评价制度是否行之有效的关键所在。有专家认为,教育的终极目的不是教会学生科学的技能,而是要教育学生树立正确的人生观和世界观,教会他们如何对待这个世界,如何对待身边的人。还有学者认为,对于高等院校培养出来的当代大学生,评判标准应该从下几个方面展开:学习能力、创新能力、适应性和心理健康。其中,思想品德和适应社会的能力是一名合格当代大学生比较重要的两个标志。基于财经类大学人才培养的特点,对人才培养质量的评价主要体现在学生素质、培养的学生就业情况等方面。

(1)学生思想道德修养:思想道德修养是一个人在社会中对事、对人展现出的思考和处理方式。通常的道理可以"公说公有理,婆说婆有理",但是道德是有明确的规范的。思想素质是长期养成的品质,在其形成过程中,个体受到家庭、学校、社会等周围环境的熏陶以及家长、教师和领导人品德示范的潜移默化影响,逐渐内化为自身的一种素质倾向。对财经类大学培养的学生而言,其思想道德素质的高低,代表了学校教育教学水平的高低,代表了学校人才培养质量的水平,同时对学生的后期成长和就业也起到重要的影响作用。学生将来会进入各行业的关键工作,也会逐渐成长成为各领域的专家。通常专家对于普通人的指导起到非常关键的作用。如果缺乏道德修养的专家,给出的建议对于他人造成的损害将是不可估量的。所以,对于这类专业型人才的培养尤其要注重道德观念的养成,通过道德约束来规范自己的言行。

基于《中国普通高等学校德育大纲》,学生思想道德素质要紧跟习近平总书记提出的社会主义核心价值观,尤其是对于个人道德要求的后四个词:爱国、敬业、诚信、友善。这四个词是从个人层面上对于道德素质修养做了一个总结。作为一名合格的人才,至少要具备以下几方面的思想道德素质:一是树立良好的世界观;二是树立良好的人生观;三是树立良好的社会公德;四是树立良好的职业道德。

(2)学生适应市场能力:对一个学校教学能力的评估中,人才的输出和就业率一直是办学实力的重要体现。财经类大学在高等教育"大众化"的平台发展,获得了"大众化"带来的整体生源充足的发展优势,但相对而言,学生们面对的就业压力不断增加,这主要是日渐增加的毕业生与逐渐饱和的部分产业人员需求之间的矛盾。虽然目前大学毕业生就业难,但一些专业性要求较高的行业还是出现了用工荒,所以应当有针对性地培养人才。缓解严峻的就业压力是个系统工程，要从社会、政府、学校的各个方面着手，其中进行学生就业能力保障体系的构建必不可少。通过学生就业能力保障体系构建进一步完善"招生—培养—就业"的联动机制，提高人才输出的竞争力，使大学走向可持续发展之路。为此，财经类大学的人才培养应致力于"符合消费者的愿望和需求"，因此评价其质量高低的标准应是所培养学生的"价值增值"。

2.继续教育培训质量评价

继续教育培训是指财经类大学为社会上受过高等教育的社会成员提供的更新、扩展知识和技能结构为目的的教育和培训活动，主要目的是介绍国内外相关领域的最新科技成果及发展动向，促进新知识、新成果的科技转化。这种培训的教学形式灵活多样，教学时间可长可短。大学为社会提供继续教育培训的质量可从供需两方面进行评价。作为供给方，财经类大学与相关行业协会可以合作开展的继续教育培训项主要有：一是面向企业开展的各类技巧、技能培训，用高校每年为企业开展的相关职业培训项目数、培训人次、收入等衡量；二是组织或承办行业内各类职业技能大赛，为地方企业员工交流、提升技能水平搭建平台，主要通过承办比赛的层次、类别、等级等来衡量。作为需求方，相关企业对应用技术型大学的最新研究成果的需求、对领域内最新知识和理论的了解程度等都会影响应用技术型大学继续教育培训的情况。此外，从业教师比率也能间接展示出大学人才培养质量的情况。所谓从业教师比率是指继续教育从业教职工与学校全体教职工的比值。此值是基于供给方进行的质量评价指标。具体是指一年内财经类大学从事继续教育培训的教师人数占该校全体教师人数的比值。如果比值较高，即表明该校大多数教师正在从事继续教育服务，进而表示该校继续教育服务周到，社会和企业的需求量较大。相反，则表明该校继续教育可能正在萎缩。

二、坚持定性与定量评价相结合

评价是基于事实依据的价值判断，从方法论的角度划分，大致可分为定量评价与定性评价两种，选用何种方法，要根据评价对象和评价内容而定，内容的多样性决定了评价方法的多元化。其中，评价方法中的量、质并举，是从多方利益的角度上进行评价的，这也是财经类大学评价的特点之一。量化指标可以更客观地反映评价结果，通常采用数学建模的形式将需要研究的对象进行系统化、数字化，然后建立一整套合理的评价过程与方法。通过这种建模方式，可以将整个过程进行数值化的量化处理，得到的结果也将是量化的数字表现形式，将最终得到的数字进行逆向翻译，则可得到想要的预期结果。采用数学建模方法的关键在于模型过程数字的建立必须要精准，而且要有严格的归纳能力，不能通过多通道、多线程来完成这一建模，否则在数据的搜集和处理过程中将会耗费大量的人力、物力资本。此外，该方法对客观性要求较高，以数据为唯一的判定标准，需要有切实可行的真实事件作为研究对象，对整个公式进行不断修正，并得出相应修正后的系数值。数学建模形式形成的量化指标虽然具有较高的客观性，但要做到完全客观也是难以实现的，因为"整个建模过程需要人为控制的点太多,依个人意识变化的数据依然存在"①。

定性分析是主要依托人为判定的一种分析方法,该方法主要取决于整个事件过程中认知的人所具备的基本素质。定性分析有利于在自然状态中获得整体理解,强调过程性、情境性和具体性,具有较大的弹性空间,对于复杂情境中的质量评价问题具有较强的实用价值。但由于每个人的学识、见解、经验存在很大的差距,从而造成了每个人对于同一对象得出的定性分析结果大相径庭,在研究和评价的信度与效度上都存在较大的争议。因此,根据应用技术型大学质量评价的要求,在评价过程中应采用定性与定量评价相结合的方式,提高质量评价的实效性。应用技术型大学的质量评价要以结果为导向,需要具备一定的可测性,并最终通过量化的指标来显示。同时,大学教育的对象是学生,财经类大学的质量评价体系需要突出人才培养质量这一核心要素,如果仅仅从定量的角度进行评价,会大大削弱学生的感官体验,引导学校和教师关注量化指标,走入重科研而轻教学的误区。人才培养质量的好坏、社会的信誉度、群众的口碑和公众的满意度更多是由社会和市场来进行定性评价的。所以对于财经类大学的教育质量需要从定性和定量两个方向去进行评价,尽量避免单一化和一刀切,推动大学高质量、多样化发展。

三、强化分类评价

实施分类评价是世界高等教育质量评价的基本趋势和基本原则,财经类大学质量评价需要用系统和整体的观点,建立

①杨骞.论"评课"[J].教育科学,2002(2):11-13.

分类型、分层次的评价体系。不同学校层次、不同办学水平、不同课程类别必然会产生不同的质量评价的价值取向,在这种价值判断的过程中,其价值的评判标准也一定会有所不同。以课堂教学为例,财经类大学理论课的课堂教学评价的标准与实践实习类课程的会不一样,不同专业的课堂教学评价标准也会有所差别。根据评价主体的不同,财经类大学的质量评价体系可细分为教育行政管理部门组织开展的财经类大学教育质量评价,第三方独立机构组织开展的财经类大学教育质量评价和财经类大学自己组织开展的对教师教学、科研和社会服务工作的评价等。例如,教育行政管理部门可对财经类大学的办学情况进行指导和督促,第三方独立机构则对财经类大学具体专业的建设质量进行指导和建议,大学根据自我评估的结果改进教学、科研和社会服务工作。此外,根据评价内容的不同,财经类大学的质量评价可分为人才质量评价、专业质量评价、教学质量评价、科研质量评价和社会服务质量评价等,不同的评价内容需要设置不同的专业标准和通过指标体系来实施分类评价。

四、重视评价指标间的差异

在一个完整的评价指标体系里,各个指标的重要性不尽相同,在设定和选取评价指标的过程对各个指标的重要程度加以区分就是通常所说的差异性原则。依据此原则,在财经类大学的质量评价中,可以设计出基本指标、重点指标、特色指标等。不同的指标类型,对教学质量而言,重视评价指标间的差异有利于反映教师能力和水平的差距,针对不同的教学手段和形式开展评价。受地理位置、自然环境等因素的影响，我国的财经类大学各自具有不同的行业前景和行业特色，担负着为区域经济社会发展培养行业应用技术型人才的使命，在课程设置、教学内容、生源等方面表现出一定的区域性特色。这就要求评价指标的设计要充分考虑这些特有属性，应该因地制宜，因人制宜，依照地域进行相应的教学实践指标制定，设置各具差异的教学指标来指导评价实践，以体现不同的财经类大学之间办学质量的差异，突出不同大学的特色。同时，作为高等教育的重要组成部分，在设计质量评价指标时仍需要遵循高等教育教学的基本规律，体现高等教育的一些特性要求，各项指标之间在整体上保持平衡，要避免过于强调特色而出现指标失衡问题，导致质量评价失去意义。就财经类大学内部来说，其课程表现出较强的专业性，这就必然要求质量评价要具有专业针对性，针对不同的评价对象要有差异性的评价指标。不同学科也会有多种不同的课程，配备相应的教师和硬件资源，所以各学科之间的评价标准也是各有不同，例如：理科和工科之间虽略有交集，但是由于学科性质的不同，对于教育教学的评价标准也应该有所差异。这就需要财经类大学根据专业与课程的差异，制定不同的评价指标体系，重视评价指标之间的差异，体现出较强的专业性，促进所培养人才的多样化与个性化发展。

第三章 财经类高校人才培养体系建设

第一节 树立科学的人才培养理念

在各种辅助办公软件广泛应用的时代背景下,公文以及财经数据的处理已变得非常简便而高效,财经类职业的劳动内容也更多从填报和整理数据等简单重复性劳动向观察、分析研究经济形势变化和综合决策的创新性智能劳动转变,对财经类职业人才最重要的素质要求则是拥有独立分析与解决实际问题的能力。财经类高校作为财经人才培养的基地,必须要重视培养学生的独立思考和创新性思维能力,不仅要重视对学生的理论传授,更要着重培养学生发现问题、思考问题和解决问题的研究能力以及理论与实践相结合的综合应用能力。根据财经类高校的人才定位差异以及学生自身兴趣差异和职业规划的不同,每所财经类高校应该制定符合实际的、科学的人才培养理念,但是无论如何差异化,创新的人才培养理念应该一直是学校的重要理念。

高校在我国虽然一直是培养人才的重要场所,但是过去很长一段时期内并没有把创新人才和人才的创新能力置于人才培养目标的核心地位。最近几年来我国高校创新人才的培养工作已经起步,各地高校都在积极探索,也都取得了一些经验,但到目前为止还没有取得突破性进展,也没有寻找到特别有效的培养方法。这一方面说明创新人才培养工作可能比我们预想得更复杂更艰难;另一方面恐怕也反映出有一些深层次问题。理念问题是深层次问题中很重要的一个方面,高校创新人才培养理念是指高校对创新人才培养问题所持的具有系统性、稳定性、延续性的理性认识、理想和观念体系,这些理念对它们所对应的实践活动起着先在、先决和先导的作用。从教育基本理论与人才培养实践的普遍过程来看,财经类高校创新人才培养理念的外延至少需要涉及人才理念、教育理念、文化理念以及创新理念自身这样一些最重要的方面,其建构离不开这些理念的创新性建构。

一、重新认知人才培养理念

人才理念是人才培养理念的重要建构基础和逻辑起点之一,人才理念的创新必然要涉及教育者和受教育者对人才的实质、特征及价值的看法。

(一)人才的实质、价值和特征均集中体现于创造力,创造力可由教育来发展

人类的历史实际上就是一部创造史,人才的实质、特征及价值均集中地体现于创造力。没有创造力的人,严格地说不能称之为人才。从认识哲学来看,创造是人的本质的对象化活动,创造性是人的本质属性的最高表现。人才的实质,就是在人类进化和社会发展的前沿时刻,代表群体去完成该发展链条中所要求的人的本质的对象化创造活动。从价值哲学来

看,人的发展最根本的一条是人的主体性的发展,而人的主体性中最核心、最本质的部分就是追求、创造、超越精神。所谓人才无非是指那些主体性特别鲜明、并且主体创造在人的本质的对象化活动中率先得到了实现的人。从存在哲学来看,创造力并不是只有天才才能够拥有的一种能力,而是每一个健全的人都具有的潜能,只不过在人才的身上,这种潜能通过主体的悟性和实践努力变成了现实的力量并作用于客观世界了。因此,人才的实质、价值与特征便实在无所归依。在长达一个多世纪的时间里,教育学家、心理学家们对揭示教育活动与发展人的创造性之间的关系做了大量研究,在认知心理学、行为心理学、思维心理学方面取得很多成果,有力地证明了创造力是一种包含认知活动、人格活动、社会活动诸多层面的综合产物,涉及人的心理、生理、思想等基本素质的状态,教育活动通过影响人的智力因素和非智力因素的消长及其相互作用,促进人的创造性发展的。教育学还认为,在不同的个体之间,创造力的发展存在着不平衡性,通过教育活动可以减少、改变或是消除先天或环境所造成的发展不平衡性。那种认为人的创造力的发展只能听其自然、不可能对其加以引导和促进的消极观点,是完全不足取的。

(二)要敢于承认人才的独特之处

创新总是要突破旧的思想、旧的理论、旧的经验和惯用模式,在很多情况下需要创新主体坚毅地进行自我探索、孤独地进行"沉潜"和"登攀"。因此创新活动与人类的一般实践活动相比,对人的素质必定具备某些独特的要求。美国心理学家吉尔福特通过实证研究,提出了成就型人才的八项特征并得到许多研究者的认同。这八项特征是:有高度的自主性与独立性,不肯与他人雷同;有旺盛的求知欲和刻苦钻研精神;有强烈的好奇心;知识面广,善于观察,记忆力强,对日常琐事却漫不经心;条理性强;具有丰富的想象力和直觉能力,同时又喜欢抽象思维;富有幽默感;面对疑难问题能全神贯注。在这八项人才特征中,第二项、第四项、第五项、第八项特征是大部分职业人才都应当具备的,而另外四项特征则可视为比较集中地反映了创新人才的特质。也就是说比起普通人来,创新人才往往具有观察力更敏锐、心灵更自由、思维更独特、超越欲望更强烈这样一些稳定的素质,有时候这些素质还会发展到被常人视为"怪习"的地步。可是一旦缺少了这些素质,便断然无法构成创新人才的主体精神世界和主体实践模式。作为教育者,理解并充分发展这些独特之处而不是对其求全责备,对创新人才的培养具有极为重要的意义。从人才培养的目标与过程来看,创新人才素质中的独特之处正是我们反思传统教育的弊端时应紧紧抓住的对症下药之处。

(三)必须以普遍时代精神来总揽人才的培养过程

创新人才固然必须具备独特的素质,同时也应吻合时代对人的普遍要求。从时代发展的要求看,我国高校所要培养的创新人才,必须是能够在当代社会中主动、健康发展的一代新人,是有能力解决中国及世界经济建设和社会发展实际问题的创新人才,是能够活跃于国际舞台、活跃于信息化时代、活跃于法治化市场经济竞争环境、活跃于终身学习社会的创新人才——这是全球化、信息化时代和中国现实国情对我国创新人才的总要求。无论创新人才的具体培养途径会有多么不同,无论创新人才的具体表现形式会有多么千差万别,高校本质上都应当以这样一种普遍时代精神去总揽人才培养过程。现在,越来越多的人清楚地认识到,全球化、信息化时代在突出知识创新作用的同时,对知识和文化的完整性的要求也越来越高,这就决定了教育对被培养者的人格与能力的追求也必须是完整的。也就是说,创新人才应当融会科学知识和人文知识,必须兼具科学精神与人文精神——仅有科学知识和科学精神的人,或仅有人文知识和人文精神的人,都不能涵摄物质生命与精神生命的丰富性、复杂性与完整性。隔缘于技术、只知道空洞地关心社会的"理想人",是志大才疏的人;隔缘于关怀、只知道在终端机前追随信息的"世俗人",是才大志疏的人——他们都不可能达到生命的本体境界,都不能真正成为现代社会所呼唤、所需要的创新人才。

(四)不可将人才的创造力机械地等同于高学历

人的创造力固然需要通过教育活动来发展,但是一个人的实际创造力并不等同于他的学历。著名教育学家潘懋元曾不无忧虑地指出过,"什么是高素质人才,我们一直存在着认识上的混乱。许多人认为高学历即高素质,这是对高素质的庸俗化理解,是唯学历论;还有人认为,名牌大学培养出来的就是高素质人才……这是唯出身论。"① 我们说,教育的确能够发

---

①楼世洲,周国权,潘正文. 培养时代需要的高素质人才——"高素质人才培养的理论与实践"高级研讨会综述[J]. 教育发展研究,2001(1): 83-86.

展人的智力因素和非智力因素,但这只是促进创造性的必要条件而不是充分条件;人的创造性究竟能否形成并且释放出来,归根结底取决于个体主体性的发挥,取决于个体的悟性和实践努力程度。况且,内涵完整的教育并不仅仅局限于正规学历教育体系,人们贯通于自己一生的个体自学、领悟、探索、实践活动,包括自主地利用社会的各种教育资源所进行的终身学习活动,都是教育体系的重要组成部分。创新人才作为一个整体概念,其外延应是一个开放的体系,其培养方式、培养途径应该不拘一格;同时,创新人才的成长与脱颖而出,还有赖于良好的人才发现与学术评价机制。例如,被授予2002年诺贝尔化学奖的田中耕一,原是日本岛津制作所的一名普通工程师,他的获奖使日本学术界措手不及,因为他在日本既非教授,亦非博士,甚至连硕士学位也没有,是美国和德国的科学家根据实际情况推荐了他。所以,看一个人是不是创新人才,关键不在于出身与学历,而在于是否学有所长,是否在自己所学的领域能够占据主动。历史已经反复地证明,如果把创造力机械地等同于高学历,很容易造成扼杀创新人才的实际社会效应。

二、革新教育理念

教育理念是人才培养理念的另一个重要逻辑起点。"打铁先得自身硬",要培养创新人才,教育自身首先要有创新精神。社会发展的新要求和教育发展的新认识如果还没有牵动教育理念的变革,它们就不可能自觉地进入教育实践的层面,这是一条重要规律。

（一）教育目的由培养"守成性"的人向培养"创新性"的人转变

在很长一个历史时期里，我们的教育主导意识不是变革，不是与时俱进，而是维持与适应，推行的是一种守成性教育。守成性教育以养成人的服从性为目的，奖赏的是听话和忍耐的行为，培养的是人的服从能力、机械重复能力和适应能力——它所适应的是一个相对封闭静止的世界；而创新性教育以尊重人的主体性和超越性为标志，奖赏的是独立思考与开拓实践的意识，培养的是人通过创造性活动应对挑战和战胜危机的能力——它所面对的是一个开放变化的世界，指向的是未来的社会。在服从意识盛行的地方，特别是在对权威性见解顶礼膜拜的地方，创造思维和创造行为是不可能出现的。只有独立意识才是激励创造思维和创造行为的真正的土壤。的确，现代社会的生产和生活不断地孕育和发生着变化与变革，只有当教育真正成为"激励创造思维和创造行为的土壤"时，教育才能培养出具有与时俱进精神与创造能力的人，教会他们怎样在变革了的生产、生活环境下生存得更好。哈佛大学历史上最有影响和最富有创造精神的校长埃利奥特曾深刻地指出："大学文化最有价值的成果是使学生具有开放的头脑。"由此可见，财经类大学应当按照创新教育的思想去反思自己的教育理念与教育目标，重构自己的课程体系与教学体系，以满足培养创新人才的需要。

（二）教育功能由强调个体社会化向个体社会化与个体个性化协调发展的方向转变

关于个体社会化与个体个性化发展之间的关系以及两者

与教育功能的关系,在传统教育理论中一直是一个灰色区域。把完成个体社会化看作是教育各种社会功能赖以实现的基础和学校的主要教育任务,一直是教育界里的主流观点。然而现代社会发展的实践却证明,教育的政治、经济、文化、生活等各项功能如要实现创新性的发展,那就不仅依赖于个体的社会化程度,而且取决于个体的个性化程度;个体越是具有以主体性和创造性为底蕴的个性,社会的发展程度就越高。一个自然人在社会化的过程中会获得许多必需和有益的文化与价值观,但同时也存在一个危险,就是他有可能会变成格式化的人,而一个格式化的社会必然缺乏创新的活力。解决这一问题的途径,就是将社会化过程从一个由学校单方面决定的过程变成同时也是一个由受教育者进行创造和自由行动的过程,美国社会学家彼得·伯格正确地指出了这一点。历史上,社会化理论的代表人物迪尔凯姆也曾提出过"内化"与"教化"互动的观点,试图在这两个过程之间进行协调,然而效果并不理想。究其原委,显然与教化的使命在实际教育活动中享有不可挑战的权威地位和过强的价值优先性不无关系,内化的视角往往不得不屈从于教化的绝对支配权。正是这种内在的理念障碍,设置了教育实践难以突破的藩篱。个性化发展的理念在财经类大学教育中绝不能仅仅作为个体社会化发展理念的附庸或是对立面而存在,它必须获得独立、完整、准确的教育学地位,才有可能使社会化过程成为一个既接受教化影响又蕴含学生自由行动和创造的过程。大学衡量学生发展水平的视野不能仅仅局限于学业成就和社会化程度,而必须将其扩大至包括学生个性化发展水平在内的全面素质尺度——

关注学生个性化发展的教育原则、将社会化和个性化两种教育发展功能统一起来的原则，应当成为财经类高校创新人才培养工作的重要指导思想，渗透于财经类大学的教育方针、培养模式以及教师的教学态度之中。

(三)教育模式由"接受性教育"向"主体性教育"转变

我国传统教育模式有不少闪光的教育思想和成功经验，但也存在十分突出的弊端，最典型的表现是忽视学生的主体性，重教有余，重学不足。创新教育必须激活人的主体精神，自主学习、独立探索、注重实践、注重创新等主体性表现，必须成为教育过程的首要特征和最高境界；而那些无视或是无能于发掘人的主体价值的大学将越来越降格为平庸教育的场所，其教育教学行为将越来越沦为工匠式的执业之术，很难指望它们能深入到学生的心灵世界，培养出具有健全人格、批判精神和创新思想的人才，更不能期望它们造就出大师级的人物。我们这个时代热切期望新生一代大学生对自己的学业和人生承担起更大的责任，强烈要求财经类大学对以"知识本位""学科本位"和"教师中心"为特征的传统教育教学模式进行认真反思与超越，确实把学生当作一个完整的生命体而不只是认知体，把学校生活看作学生生命历程的重要构成而不只是学习过程的重要构成，努力建构起一种以掌握性学习、发展性学习和个性化学习为基石的现代教育环境与教学机制，使学生获取知识、运用知识、更新知识和创造知识的行为，真正成为一种充满着主体意识、洋溢着思想力量、激荡着生命之流的智力因素与非智力因素交相辉映的自主活动。

（四）教育内涵由偏重文化传承向文化传承与文化革新并重的方向转变

一方面，教育活动要求使前人创造的文化传统得到后人的认同和继承；另一方面，教育活动的实际结果总是激励一部分后人怀疑、批判并试图超越这一文化传统。这说明教育同时具有文化传承功能和文化革新功能，只不过在我国过去的教育教学实践中，往往是前者的自觉意识强，而后者的自觉意识弱，以全干用沿袭性文化充斥学生的头脑，迄今为止在许多财经类高校仍是居压倒性的教育教学模式。从文化学的角度看，文化传承的认识基础和价值基础都是预先给定的，它重视的是教育对象获得文化成果和积累知识信息的活动，十分注意远离文化变异的边界；文化革新则要求认知主体不断解析和重构自己的认知基础和价值基础，乐于以一种求索的、审视的、不轻率拒绝的态度去接近和对待各种边界性的知识领域和文化情况。做到这点是很不容易的，爱因斯坦当年就因为接受不了"自然界具有不确定性"这样一种理念，而反对玻尔的量子力学理论。所以，文化革新的意识培养需要从小对人进行教育，文化不是自然赋予人类的，而是人类自己创造出来的，人只有在创造文化的活动中才能成为真正意义上的人。高等教育若要对自己所肩负着的"超越现实而不仅仅是适应现实"的社会责任做出贡献，就必须强化自己在人才培养领域内的文化革新影响能力。

高校相对于其他社会子系统明显地处于各种学术思想和文化价值观念碰撞与交融的中心，并且其科学研究活动本身就具有前沿性、探索性、开拓性等文化创造的特点，因此更有必要将这种态势向人才培养过程延伸和渗透。有些课程可以不作为某个特定知识体系的载体出现,而作为各种观点相互矛盾、协调、融合从而形成新知识的过程,让学生习惯甚至酷爱面对差异与矛盾并以自己的方式来看待问题,使教育教学活动始终保持鲜活的内涵。

三、文化理念的创新性建构

文化理念对人才培养理念具有非同一般的影响力,中国传统文化源远流长,博大精深,有许多堪称世界精华的文明结晶,几千年来对人才培养起过并且还将发挥不可替代的积极作用。

(一)树立学术自由、文化理解和多元文化的理念

文化创新思想是现代大学必须建立的文化理念,文化创新的途径主要是文化发明和文化融合,这两种途径的开拓应该说都离不开文化理念的支撑。

1.学术自由是催生文化发明的土壤

文化发明一般是指由同质文化的连续积累而产生的一种文化创造。人类学家格里库里·贝特森指出过,每一代人对前人遗留给自己的文化都有一个重新发现和理解的过程,他们不仅学习这些文化,而且重新结构这些文化。可见,文化发明的基础是文化继承与文化积累,而重新"结构这些文化"却要求文化主体必须具备新的文化追求与文化眼光,能够在既有的文化结构与功能中发现那些不符合客观世界真理和不能满足精神主体需要的东西,并且在否定和克服这些不合理性的过程中,从旧文化中"结构"出新质的文化,推动人类文明向前

发展。中国先秦诸子百家学说的繁荣和欧洲文艺复兴运动的兴起，可以说都属于这一类文化发明现象。文化发明是与学术自由相伴而生的，在这类创造过程中，学术自由是确保创造主体思维自由与实践自由的最重要屏障，没有学术自由的支撑，文化就不能自由讨论、自由批评，文化创造的空间就会受到极大压缩，人们会失去思考和捍卫真理的能力。正因为此，伏尔泰才说"我不同意你的意见，但是我誓死捍卫你表达它的权利"。让财经类大学始终处于各种学术思想和文化观念自由碰撞的氛围中，是财经类大学对文化进行"重新发现和理解"的最基本条件。

2.文化理解是引发文化融合的触媒

任何文化都有自己的负面，文化的多样性为文化互补提供了可能性与必要性。只有对各种文化都抱着愿意了解的态度的人，世界才是敞开的。文化的互补性是人类付出了巨大代价，经过长期的反思方才认识到的一种客观性，文化互补的主要方式是文化融合。文化融合一般是指由单质文化对异质文化的吸收而导致的一种文化渐变或突变，它实际上是现代社会的一种文化功能需要和文化再造能力，融合的实现机制是异质文化之间的接触交流，在互动中主体文化与客体文化均发生变迁。文化融合需要文化主体具有开放的文化胸怀和平等的文化心态，敢于认同异质文化存在的合理性，善于吸摄异质文化中的优秀要素。一个国家、一个民族的文化体系越是整合了不同的文化特质，它就越丰富、越有生命力，反之则走向衰落。当今世界由于经济全球化的带动，文化融合正呈现出节奏加快、范围加大、程度加深的趋势。

3.多元文化互补性提升是全球化时代文化创新的必由之路

　　未来的世界没有一种唯一优秀的文化,"胜者通吃"法则在文化发展领域毫无立锥之地。正如有些学者指出,近代以来以先进文化自命的西方文化在引导人类不断逼近更高的物质文明的同时,也把人类诱入了危机四伏的精神文化困境。科技全球化一方面促使同质社会向异质社会转化;另一方面又促使异质社会之间的联系日益密切,这就使得狭隘的文化相对主义和虚幻的文化普遍主义都行不通。文化的全球化不是文化的趋同化,而是一种跨文化对话和交流的机制。联合国宪章把教育定义为不同文化之间相互理解和交流的中介力量,世界一流大学所进行的教学与科研的内容都是世界主义的。应该看到,文化差别是文化创造的巨大推动力,各种文化在为别的文化的存在和发展提供新的因素的同时,也为改善和提升自身的生态奠定了生机。对每个国家来说,摒弃那种以为"只有本体文化才是最神圣的文化"的单质文化情结,树立文化多样性理念,提倡各种文化通过平等交流而认同并维系人类共同的基本文化价值,鼓励多元文化之间的互补性提升,是全球化时代文化创新的必由之路,大学在这条"必由之路"上负有领跑的责任。我国财经类高校应当勇于对学生进行异质文化理解教育,勇于建立起多元文化"深刻对话"的理念和机制,这样才能使大学生的心灵世界向人类的全部优秀文化打开,从源头上激活创新人才的培养过程。

　　创新不接受"速成"和"捷径",浮躁和浅薄是创新的大敌。真正的创新成果绝非举手之劳的对象,也不是创新主体随时唾手可得的"囊中之物"。作为整体的人类的创造潜力的确是无穷的,但作为每个具体的个体,其创造力却是有一定限度的。在社会发展过程中,每一次创新都要求创新主体在大量积累的基础上付出呕心沥血的劳动,而且还不能肯定获得成功。尤其是那些具有学科意义的创新,都必须取得对学术范式的重大突破,而任何一种学术范式都是将外行堵在界外的知识体系和方法体系,需要经过长期的专门训练才能获得,对它们的突破绝非轻而易举的事情。

财经类高校在培养创新人才的工作中要注意避免将创新和创新教育庸俗化,既要积极鼓励师生创新,又要严肃告诫师生创新过程的艰辛,切忌养成空言创新的习惯。俞吾金说人们对创新一词应当怀有敬畏之心,是完全有道理的。创新应当成为当代人的一种自觉、迫切而理智的追求,创新教育应当成为当代教育的一种最高境界,培养创新人才应当成为财经类高校在知识经济时代的一项重要职能——但不应把"创新"作为唯一追求,更不能把"创新"作为每次具体教育教学活动中的硬性指标,对学生滥使"创新"的压力。以往的社会实践证明,对人才滥使"创新"压力,对社会强求"全员创新",都是违反科学的做法,不仅与初衷相悖,甚至可能演化为弄虚作假的机制。

总之,上述各项理念的建构还远不是高校创新人才培养理念建构的全部,这里对它们的分析也仅仅是一次初步的梳理与发掘。由于具有明确意识和清晰机制的人才培养模式对我国高校来说尚是一件起步不久的新事物,人们对其中的规律还远未洞悉,目前总体上还处于思考和摸索的阶段,因此财经类高校创新人才培养理念的建构极可能是一个在多领域、多层面的理论平台上持续地进行事实判断与价值澄清的较长期塑造过程。对教育主体来说,创新人才并不总是教育者刻意追求、周密计划并如期而至的结果,但只要给人的多样性发展留出空间,也就给教育创新留下了可以生生不息的种子和土壤。

第二节　建立科学的人才培养体系

我国高等教育发展速度很快,受过高等教育的人数众多,这一定程度上反映了高等教育大众化发展较快且教育公平得到一定的改善。在肯定成绩的同时,也应当看到,新形势下社会主要矛盾的转化,人民对美好生活的首要需求是教育,需要更好质量、更高层次的教育,而高等教育在质量和层次提升方面与人们的需求还存在较大的差距。党的十九大报告提出"加快一流大学和一流学科建设,实现高等教育内涵式发展"的新要求,将引领中国高等教育向更高层次、更高质量发展。随着新形势下社会对人才要求的进一步提高,财经类高校内涵式发展的关键,就是全面提升人才培养质量,积极响应社会的需求,而提升人才培养质量的关键,是系统优化财经类高校现有的人才培养体系。

适应发展新常态,财经类高校必须走内涵式发展道路,实现"向自身主体与内在逻辑的回归"。这一"回归"的关键之一,是深化财经类高校人才培养体系改革。

一、统筹两个服务——服务社会发展与服务学生发展

服务社会发展与服务学生发展是高等教育两种基本价值取向,也是高等教育发展史上争论不休的话题。深化财经类高校人才培养体系改革,必须处理好高等教育服务面向这一核心理念与价值问题,努力实现服务社会发展与服务学生发展的和谐统一。高等教育服务社会发展是以促进社会进步、经济繁荣、国家发展等作为基本价值取向与根本追求。涂尔干、孔德、纳托尔普、凯兴斯泰纳、范·海斯等,是这一观点的主要代表人物。而高等教育服务学生发展则是以促进学生个人的提高、发展与完善等作为基本价值取向与根本追求。纽曼、赫钦斯、雅斯贝尔斯等,是这一观点的主要代表人物。社会发展为人的发展提供基础与条件,人的存在与发展离不开社会发展,离开了社会发展而谈人的发展只是一种奢望。高等教育服务社会发展与服务学生发展并不是截然对立的,而是互为依托、互促共进的辩证统一关系。但"任何社会中的教育都必然是关于人的教育,任何时候教育对于社会的贡献以及对于环境的改善均取决于受过教育的人。归根结底高等教育的发展既要适应社会发展的需要,又要'改善作为人的人'以及由受过教育的人所组成的社会"[①] 此外,在服务社会发展与服务学生发展之间又有一个基本的逻辑关系:有利于学生发展的高等教育也必然从根本上有利于社会发展,有利于社会

---

①程静.高校人才培养模式多样化:诠释与对应[M].北京:北京工业大学出版社,2003.

发展的高等教育并不必然有利于学生发展,不利于学生发展的高等教育是不可持续的,并且从长期来看也必然不利于社会发展。认清高等教育服务学生发展与服务社会发展之间的辩证统一关系与基本逻辑关系,是深化中国特色高等教育人才培养体系改革的一个基本前提。

随着高等教育重要性的不断提升,政府必然会加强对高等教育的控制与管理,这是世界高等教育发展的共同趋势,具有现实合理性。然而,高等教育与大学并不是完全等同的概念,高等教育服务社会发展是无条件的,是时代之需,是必然。从根本上来说,大学并不能直接服务于社会发展,而需要通过人才培养活动来发挥作用。在财经类高校人才培养过程中应坚持"以人为本、立德树人"的基本要求,从而实现学生的全面发展,由此来实现财经类高校服务社会发展的作用。正如有论者所言,高等教育发展的历史表明,过于强调大学为社会服务并不能真的提升高等教育的服务能力;相反,如果大学与政府或社会保持合适的距离,致力于人的理智的发展和人性的改善,反倒更能促进人类文明的进步和国家的繁荣。"从长远来讲,单纯地强调任何一方,最终既不利于促进社会发展,也不利于学生发展。可以说,在高等教育发展史上服务社会发展与服务学生发展之间的矛盾运动形成了一种张力。正是这种张力维持与推动着教育与社会之间良性互动,也正是这种不断变化的张力决定了在处理"两个服务"问题时,必须既立足于社会发展的客观现实,又超越社会过于急功近利的期待与欲望,还要尊重学生成长与发展的基本规律,关照学生发展的合理诉求与需要,也即要实现高等教育服务社会发展与服务学生发展的和谐统一。

中华人民共和国成立后,社会本位为主的高等教育价值观一直是我国政府制定高等教育政策、引领高等教育改革、促进高等教育发展的基本指导思想。过度强调大学服务社会发展的基本价值取向,必然会引导学生以外在的功利性目的与价值为基本追求,从而导致学生迷失自我、丧失个性。如此,社会各界对学生的社会责任、社会担当以及人文关怀等质疑与诟病的声音也就日益增多。不过,大学过度强调服务社会发展基本价值取向所导致的弊端日益凸显的同时,各界对高等教育人才培养规律的认识、理解与把握也在不断地深入与深化。从党的十六届三中全会提出"以人为本"到党的十八大提出"立德树人",既是对大学过度强调服务社会发展基本价值取向带来的弊端的回应,对高等教育服务社会发展基本价值取向的扬弃与超越,也是对高等教育人才培养规律认识与理解不断深入与深化的具体体现,是高等教育服务学生发展基本价值取向的集中体现与核心标志,这已经成为我国财经类高校改革的基本价值导向。今天,深化财经类高校人才培养体系改革,必须坚持"以人为本、立德树人",转变财经类高校过于强调服务社会发展的传统观念与做法,提高对服务学生发展的关注度,并努力促进两者实现和谐统一。

二、坚持两个尊重——尊重人才培养的共同逻辑与尊重我国的特殊国情

正如任何类型的大学都是遗传与环境的产物一样,财经类高校人才培养活动,也必然要尊重大学由遗传基因所决定的人才培养的共同逻辑，同时又要与大学生存的具体国情环境相适应、相协调，尊重我国的特殊国情。深化财经类高校人才培养体系改革，必须体现这两个尊重。财经类高校人才培养的共同逻辑是理念与实践的辩证统一。在理念层面主要表现为：一是注重"学以致知"。"致知"与"致用"是辩证统一的关系，"致知"并不排斥"致用"，"致用"只是"致知"之后的自然而然甚至是必然的结果。二是注重通识教育。实践已经充分证明，那些享誉全球的著名大学，无不注重通识教育。并且，那些推行与实施通识教育越好的大学，其培养创新型人才的实践也越成功。在实践层面主要表现为以下三个方面：一是注重培养学生的问题意识。问题意识是发现问题、提出问题、解决问题的先导，在思维活动中发挥着基础性作用。培养学生的问题意识，是培养创新型人才的逻辑起点与先决条件。二是注重培养学生的质疑与批判精神。质疑与批判精神是质疑与批判他人与自我的辩证统一，是创新能力形成与发展的重要基础，没有质疑与批判精神就不可能成长为创新型人才。三是注重培养学生的创新精神与创新能力。创新精神与创新能力是创新型人才的核心标志，不注重培养学生的创新精神与创新能力而谈创新型人才培养只能是一句空话。财经类高校人才培养，还需要尊重具体国家的特殊国情。纵观世界高等教育发展史，那些曾经引领世界高等教育发展潮流的国家，都是将人才培养的基本逻辑与本国国情结合得很好的国家，所以才会有高等教育人才培养的"英国模式""德国模式""美国模式""日本模式"等"百花竞放"的世界高等教育发展格局。或许正是因为如此，当前世界高等教育中心才呈现出多元化发展趋势。

毋庸讳言,我国财经类高校人才培养过程中还没有完全地尊重人才培养的共同逻辑,也没有完全地尊重我国的特殊国情。没有完全地尊重人才培养的共同逻辑,在理念层面上主要表现为,较为注重"学以致用"和"专业教育"。在教育领域,我国具有崇尚实用与功利的传统。在实践层面上主要表现为,较为强调灌输、服从、背诵、分数,不太注重培养学生的问题意识、质疑与批判精神以及创新精神与创新能力的培养。如此一来,培养的学生善于记忆、考试,不敢质疑与批判,缺乏创新性。

没有完全尊重我国的特殊国情,大致可以分为两种情况:一种情况是过度依赖他国经验,而忽视本国特殊国情;另一种情况是借鉴他国经验,而又过于强调本国特殊国情。就目前发展状况而言,后一种情况在我国高等教育人才培养过程中表现得尤为明显。我国高等教育是典型的后发外生型,中华人民共和国成立之初,全面学习苏联模式,建立了以专业为基础的高等教育人才培养体系,这种人才培养体系为我国社会主义建设事业培养了大批劳动者。然而,随着高等教育的不断发展,专业划分也越来越细,培养的学生逐渐不能适应经济社会发展的客观需要。因此我国逐渐开始结合我国的实际国情,探索适合自己的高校人才培养体系。

深化财经类高校人才培养体系改革,要以更加开放的视野,科学借鉴国际先进的教育理念和模式;要坚持"立德树人"的基本要求,创新考试选拔方式,建构从小学到大学之间以及家庭、学校、政府、科研机构之间彼此协同的教育生态体系。

三、回归两个中心——大学以教学为中心与教学以学生为中心

人才培养是高等教育的首要目的和基本功能,学生和教学是大学一切活动的中心。深化财经类高校人才培养体系改革,必须明确与落实"两个中心",即坚持大学以教学为中心和教学以学生为中心。以教学为中心是大学的本质要求,教学以学生为中心是大学以学生为中心的具体化。教学是大学一切活动的中心,是教育目标达成的基本途径。其他任何类型的活动如果不具有教学的性质,都不应以教育的名义存在于高等教育系统之中。

财经类高校教学活动的本体不是社会,也不是知识,而是学生。教学只有以学生为中心,财经类高校人才培养的目标才能实现,"以人为本、立德树人"的基本理念也才能得到落实。正是因为如此才有"百年大计,教育为本;教育大计,教师为本""教师大计,教学为本;教学大计,育人为本"的基本理念。但是,在我国财经类高校人才培养体系中,这些基本理念并不是自然而然的转化为具体的实践。恰恰相反,背离"两个中心"的问题仍比较突出与严峻。我国历来较为注重高等教育服务社会发展的价值,尤其是随着科学研究在促进科技进步、经济繁荣以及社会发展等过程中的作用不断提升,政府也逐渐强化了对大学科研成果的量化考核与评价,学校对教师的考核与评价也有所变化。如此一来,伯顿·克拉克笔下"教学漂移"的问题就逐渐产生了,科学研究逐渐取代教学而成为大学活动的中心,教学的价值与作用被大学逐渐忽视与淡化。在大学以教学为中心这一理念逐渐淡化的背景下,教学以学

生为中心的理念也就无从谈起。尽管大家全都认同以学生为中心在学校教育工作中的关键地位,可要真正做起来,我们往往选择的捷径是放弃。

近年来,随着财经类高校教学改革的不断推进与深入,这一现象虽有所改观,但从我国财经类高校教学的现实来看,学生尚未走进教学的中心,依然处于教学的边缘。从本质上来讲,当前我国财经类高校在"两个中心"问题上出现的背离,并不仅仅是财经类高校自身发展理念上的问题,也是外部压力强大作用的结果。

落实"两个中心",应从宏观、微观两方面同时入手。在宏观层面,国家应转变以经济建设思维方式发展财经类高校和以行政化手段管理财经类高校的传统做法,推动财经类高校发展方式转变,走以提高人才培养质量为核心的内涵式发展道路;转变政府职能,推动财经类高校制度建设,为财经类高校提供安心于教学的制度环境与政策支持;转变对财经类高校以易于量化的科研项目、学术论文、课题经费等的考核与评价,减少评审项目和调整评估导向;扩大并落实财经类高校办学自主权,赋予财经类高校更多的管理内部事务的自主权,提升财经类高校自主办学能力,从而使财经类高校更好地协调与化解教学与科研之间的问题与矛盾。在微观层面,一是要科学处理教学与科研的关系。从本质上来讲,财经类高校里开展的教学与科研活动是辩证统一的关系。教学与科研只有相互促进、有机结合,才能实现水平与质量的共同提高。二是要积极推进建立科学合理的教师评价与考核机制。应采用同行评议取代行政评价,用质量标准取代数量堆砌;对教师教学水平的评价与考核,用学生学得怎么样来评价教师教得怎么样;加强制度建设和物质投入支持力度,为更多的优秀教师创造让他们致力于教学的制度环境与物质条件。

四、抓住两个关键——课程体系建设与教学方式创新

课程是教育教学的基本依据,是实现学校教育目标的基本保证,对学生全面发展起着决定性的作用。而课程的教育效应必须借助有效的教学方式才能得以体现。课程体系建设与教学方式创新是财经类高校实现人才培养目标的基本载体与核心依托,是决定人才培养质量的基础,是深化财经类高校人才培养体系改革的两个关键着力点。

课程体系是由多种不同课程,根据特定专业的培养目标与发展逻辑而组织起来的一个系统整体,是大学教育活动的基础,决定着大学教育活动的质量与水平,也从根本上决定着人才培养的质量。人才培养目标主要是通过课程教学实现的,课程建设水平的高低及课程体系的合理性、科学性是实现人才培养目标的基本保证。教学方式从整体上考量教学过程,对教学活动进行全局性的统筹规划,内在地规定着教学活动的质量和水平,是决定人才培养质量的关键因素。在课程体系与教学方式的关系上,课程体系是基础、前提,教学方式是条件、保障,只有二者有效衔接、互相协调,才能发挥最大的教育效应。目前我国财经类高校课程体系建设仍存在着一些亟待解决的问题,如:专业建设重学科,轻课程体系;课程体系缺乏合理性,架构不够严密、科学;课程建设水平不高,缺乏特色,创新性不强;开设课程总量不足,学生可选余地小。由于

课程体系建设的成果（课程内容、课程多少、课程结构以及课程更新等）与学科建设的成果（科研经费、项目基地以及论文数量等）相比不易取得，更不易得到认可，所以我国财经类高校普遍重视学科建设而轻视课程体系建设，由此导致课程脱离实际、内容陈旧、更新缓慢，并且各层次财经类高校相同或相似专业都用同样课程的"千课一面"现象较为严重。此外，我国教育历来就有"师传生受"的传统，在"学什么"既定的情况下，教师"怎么教"就成为调动学生学习积极性与主动性的关键影响因素。这样的教学方式不利于学生创新精神、创新能力以及探索兴趣等的形成与发展。麦可思的一项调查也表明，70％的学生认为教师的讲课不吸引人，上课单调。耶鲁大学校长莱文曾指出，制约学生创新能力发展的主要因素应该是教学方法的问题，不同的教学方法取得的效果大不一样。大力推进财经类高校课程体系建设与教学方式创新，仍然是深化财经类高校人才培养体系改革面临的艰巨任务。推动财经类高校课程体系建设与教学方式创新，应进一步提高高等教育国际化水平，积极引进和消化国际先进的原版教材和教育模式；充分利用大学外部的无限资源，走产学研协同创新之路，构建完善的体现最新知识创新成果的课程体系；加大对课程体系建设的支持力度，促进不同学科间交叉与融合，扩大课程知识含量，增加课程的吸引力，更新课程内容，优化课程结构，增加课程总量，丰富课程选择；完善激励机制，鼓励与支持教师对课程体系建设与教学方式创新投入更多的精力；主动应对MOOCs等新挑战，加强教师（尤其是青年教师）培训，鼓励教师采用诱导式、启发式、探究式以及讨论式等教学方式。

第三节 构建合理的创新人才培养课堂体系

合理的创新人才培养课堂体系对财经类高校尤其重要,尤其是处在信息化时代的今天,如何构建财经类高校人才培养体系,注重哪些方面的内容都是需要考虑的,下面从几个较为重要的方面进行考虑。

一、积极践行教与学的新模式

目前,主要有以下几种备受关注的教与学的新模式。

(一)情景式教学法

利用某些形象、场景,让书本中的文字情景描述,展现在学生面前;学生制作环境道具,亲身体验角色内涵,这就是情景式教学。学生的认知和情感都能被调动起来,会主动参与课堂学习,学习兴趣能得到显著提高。让学生有兴趣,才能主动继续深入学习。这种能将学生带入特定情境的教学模式在国外已经普遍推广,应该成为当前教改关注的热点。

(二)案例式教学法

在充分研究学生的知识结构和基本技能后,可以列举切合教学目标的典型案例,引导学生积极思索,分析问题和解决问题。每个学生都要在仔细分析案例后找出原因和解决思路,将所学内容活学活用到具体问题上。案例本身来源于社会生活,学生也能更快地将所学知识提炼转化为社会经验。教师在此过程中充当组织者的角色,和学生一起讨论思考,组织讨论研究,分工归纳总结。学生主动完成案例资料收集工作,集中讨论处理意见。教师和学生共同处理问题,各抒己见,能够充分调动学生的积极主动性,集思广益,共同探讨,开拓思路。

(三)多媒体信息技术演示法

目前,很多学校的硬件设施都很完备,教师必须掌握多媒体教学手段,运用图片、文字、音频、视频、动画等形式将教学内容形象化、生动化。将上课内容都制作成多媒体课件(PPT),学生可以回看老师的讲解过程,这样更有色彩,更具趣味,更能吸引学生注意力。同时,学生的种种反馈信息也能用多媒体技术表达,比如弹幕教学,就是师生利用信息技术及时交流。这样既加深了老师和学生的互动,也促进了学生对内容的理解记忆,教学效果自然大大提高。

(四)分组合作学习模式

19世纪早期,美国学者已经开始研究合作学习,并运用于实践。所谓分组合作学习是指在小组或团队中为了完成共同的任务,经历动手实践、自主探索和合作交流的过程,是有明确责任分工的互助性学习。分组合作学习以讨论的形式分析某个问题的解决方案,学生在讨论中认真听取别人的意见,表达自己的看法并对别人的意见进行评价和补充,协作展示问题的解决过程,分享获得成功的体验,并从中反思自己的学习行为。分组合作学习能充分调动学生的学习兴趣,培养学生的创新能力和竞争意识。然而,分组合作学习需要教师精心设计探讨内容,保证每个学生都能积极参与[①]。

(五)"慕课"平台教学

"慕课",即大规模网络开放课程,是新近开发的网络在线课程形式。只要有电脑和网络,任何地方任何人都可以在线学习到知名高校大师、专家的授课内容。"慕课"是互联网上的开放课程,它翻转了课堂,改变了传统教学模式,不用去学校,不用花高昂费用,只要想学,哪里都是教室,都是课堂。"慕课"突破了学校的限制,突破了国家的限制,让更多人共享全球资源,推动教育资源的均衡发展。各国都在发展自己的"慕课"平台,让更多人享受到精品教育。我国也发展了"慕课网""酷学习""学堂在线"等网络教育平台,搜集优秀教育资源。

二、积极建设第二课堂

(一)第二课堂概述

第二课堂通常是指在第一课堂规定的教学计划外,有组织地实施一些具有趣味性以及思想性的活动,提升大学生的文化素养以及创造性。第二课堂没有较强的约束力,以自愿为前提,以多样性以及创新性为主,培养大学生的自我管理能力。目前,第二课堂按照内容以及形式可分为几种类型。

1.社团活动

社团活动通常是大学生为了满足文化的需求,按照自身的兴趣爱好成立的组织。社团活动通常包括文体艺术以及学术研讨两类。文体艺术类通常包括文学爱好协会、集邮协会

---

①李作奎. 基于财经类高校人才培养的实验教学问题研究[J]. 湖北经济学院学报:人文社会科学版,2008(7):159-160.

以及书美协会等;学术研讨类通常包括公共关系协会、计算机小组以及马列主义、党章学习小组。目前,社团活动在第二课堂中的影响力越来越大,社团活动已经成为第二课堂中不可缺少的组成部分。

2.社会实践活动

社会实践活动主要是以跨出校门,走上社会,在社会中受教育的交叉性活动,目前,社会实践活动已经逐渐制度化以及正规化。

3.讲座报告

讲座报告通常具有普及型,可使用各种形式来吸引大学生参与。讲座报告通常可分为增长知识类以及开拓眼界类。增长知识类通常包括中外名作欣赏、近现代史讲座以及学术报告等;开拓眼界类通常包括人际关系讲座以及国际形势报告等。讲座报告能够显著提升大学生的文化修养。

4.勤工助学活动

助学活动通常以锻炼大学生的独立意识为最终目的,勤工助学活动能够锻炼大学生综合能力,更新大学生的思想观念。勤工助学活动通常可分为智力型以及劳务型,智力型主要包括担任家庭教师、科技服务以及无线电维修等。劳务型通常以立足校园的小范围服务为主。勤工助学能够将书本的知识与社会的实践进行有机的结合,在第二课堂活动中占有非常重要的地位。

(二)加强第二课堂建设的意义

随着我国社会经济与科学技术的发展,复合型以及应用型人才受到了各界的关注,因此各财经类高校在抓好智育教育的同时,还需重点关注美育以及德育等方面的教育,使大学生在接受专业知识的前提下,培养兴趣爱好,开阔视野,培养大学生的创造力以及实践能力,提高大学生的素质。第二课堂教育主要是以自我服务、自我教育以及自我管理为主,营造积极向上的校园文化,有效地促进大学生的个性化发展。财经类高校课堂教育解决了专业能力以及大学生的认知,而第二课堂能够帮助大学生塑造良好的品格,培养团结精神。第二课堂能够有效地消除第一课堂面临的障碍,为第一课堂的深化扩展提供良好的保障。因此,开展第二课堂教育非常有必要。

(三)构建高校第二课堂的人才培养体系的原则

随着社会经济的发展,社会对于高素质人才的需求不断增加。财经类高校第二课堂是学校素质拓展以及培养创新能力的重要手段,能够培养大学生的创新意识,激发大学生的潜能,已经成为目前培养大学生创新能力以及提升大学生素质的重要途径。财经类高校第二课堂人才培养体系的基本原则有以下几点。

1.应当突出财经类高校以及院系的办学特色

按照财经类高校以及院系的办学定位,将财经类专业与第二课堂素质教育人才培养的方案相结合,要将专业教育与特色教育相结合,以此满足社会对于复合型人才的需求。

2.应当深化第一课堂的补给功能

第二课堂教育属于第一课堂教学的深化与补充,作为财经类高校人才培养的重要手段,第二课堂应当与第一课堂教育相结合,相互促进,相互补充,协调发展,帮助大学生提高综合素质。

3.大力推进素质教育

在第二课堂的培养方案中,应重点培养大学生创新创业能力。在优化人才的过程中,应当积极引导大学生主动参与到第二课堂的素质教育中,提高大学生的主观能动性,以此实现从个体素质发展到群体素质的提升的目标。

4.规范第二课堂教学

按照第二课堂素质教育的方案来实现第二课堂素质教育的项目化、系统化以及学分化,以此提升第二课堂素质教育的培养层次,营造积极向上的校园文化。

(四)第二课堂对大学生专业培养的帮助

第二课堂为大学生提供了更加自由的发展空间,能够提升大学生的思想觉悟以及综合素质,扩宽大学生的知识面,引导大学生积极地参与到富有创造性的教学活动中。由于第二课堂的开展覆盖面较为广泛,因此应当对教育内容进行规划,针对大学生的需求制定教学计划。对于财经类专业人才来说,首先应当对学科专业以及课程进行调整,改变传统的教学理念,提高教学质量。其次应当按照自身的办学目标以及学科定位等因素制定出独特的财经类专业人才培养计划,在教学的过程中不断地对教学计划进行调整,逐渐发展成为独具的教学风格。开展第二课堂教学对于大学生专业培养的帮助主要体现在以下几个方面。

1.能够使大学生的专业技能得到提升

在第二课堂教学中，为了更好地适应社会的需求，除了要增强大学生的素质之外，还应当利用学校的各种资源，对大学生进行多种类、多层次的职业技能培训，不断地提升大学生的劳动素质以及创新能力，使其成为"能力、知识以及素质"并存的复合型人才，更好地为将来就业与发展打基础，提升大学生的竞争力。培训的项目主要有现代技能培训、职业资格考试培训、实用技能培训、专业资格考试培训以及其他项目培训几个方面。现代技能培训主要包括多媒体课件制作培训、计算机技能培训以及网络技术培训等；职业资格考试培训主要包括税务师考试培训、会计师培训等；实用技能培训主要包括汽车驾驶培训、办公自动化培训等；专业资格考试培训主要包括国际通用的资格证书考试以及各种专业资格考试培训等；其他项目培训主要包括求职技巧培训以及财经类技能培训等。在第二课堂中得到培训后，大学生能够使自身的技能得到提升。

2.能够帮助大学生积累社会经验，使其能够充分地发挥专业水平，更好地为社会服务

在第二课堂教育中，社会实践与志愿服务活动是引导大学生充分地运用所学的知识服务社会的项目，能够引导大学生健康成长，改进大学生的思想政治工作，是了解社会以及锻炼自我的有效途径。财经类高校应当结合自身的实际情况来展开社会实践与志愿服务活动，使大学生的眼界更加开阔，完善自身的知识结构，在社会服务中锻炼学生的实践能力。例如财经类高校的学生可以到当地的企业实习，锻炼自身的能力，

更详细地了解相关专业所需的实用技能,完善自身的知识结构,为以后步入社会打下坚实的基础。

三、构建翻转课堂教学模式

翻转课堂是指通过借助现代教育技术手段预先录制授课视频来取代传统的课堂知识讲授,并在网络上进行共享,要求学生课前自主观看学习,然后利用课堂时间集中解决学生在观看视频时所产生的困惑和疑问,实现知识内化的一种教学形态,近年来在我国的财经类高校教育教学领域方兴未艾。翻转课堂的发展可分为萌发阶段、发展阶段和推广阶段。萌芽阶段可最早追溯到19世纪中期的西点军校萨耶尔上校在授课过程中采用课前发放材料供学生预习,课堂进行内容讨论与问题解决的教学方式以及此后的哈佛大学教授马祖尔基于计算机技术提出的将课堂划分为"知识传递与知识内化"的PI教学法,美国拉赫、普拉特和特雷利亚的网络辅助教学尝试和麻省理工学院启动的国家开放教育的"开放课件项目"。发展阶段源于2004年可汗在YouTube上成立可汗学院频道以及美国的伯尔曼和萨姆斯将自己的上课实时讲解和PPT演示文稿录制成视频上传到视频网站上,取得了较好的教学效果和社会反响。自2011年始,翻转课堂作为新形势下教学模式的重大变革被逐步推广,《环球邮报》《纽约时报》刊载了翻转课堂的相关发展,可汗学院、大规模开放网络课程、TED视频风靡世界,《2014年地平线报告(高等教育版)》也对此表示关注。随着信息技术的进一步发展,云计算、电子书包、平板电脑、智能手机等不断进入教育领域,促进了翻转课堂的迅速推广。翻转课堂作为实施差异化教学和个性化教学的一种手段,带来教育理念和教学思维的重构。国内教育界对翻转课堂教学的探讨日趋系统化,尤其关注微课、慕课创新,并从理论和实践两个层面推动"翻转课堂"在国内快速发展。这里主要讨论翻转课堂多层面教学设计与关键支撑。

(一)翻转课堂多层面教学设计

一方面,翻转课堂教学设计需要教学主体改变传统"课堂讲授,集中学习"的学习认知,更新观念,按照前述的"问题引导与视频学习,课堂讲授与学习讨论,问题解决与实践"三个步骤重新组织课程教学。但如果课程教学设计只是针对某一门课而言,则属于中观层面分析。为了更好地对翻转课堂教学模式进行完善,我们需要从宏观(学校与社会层面)、中观(课程教学)、微观(学生与教师)三个层面系统分析,以更加准确地开展翻转课堂课前、课中、课后的教学模块设计;另一方面,因作者长期从事财经类高校课程教学工作,经常遇到学生学习目的不明或者感觉所学内容无用而出现学习动力不足,课堂学习只是熟悉了某个知识点但不能将其融会贯通、学习重知识记忆而忽略学习方法的掌握与学习能力的培养等问题,希望通过运用新颖教育理念和采用先进教育技术,进行翻转课堂流程再设计,以实现育人传知之目的。

1.宏观层面

翻转课堂触发的是学校教育模式的整体变革,而不仅是单一的某个学科教学模式的改变。翻转课堂作为一种新型教学模式,与传统课堂互为补充,并非要替代传统课堂。翻转课堂在设计时应考虑不同学科特点、学生听众的时间与空间分配、现实教育教学条件等多重影响因素，不能"一刀切"。以视频学习为例，如果每门课程都安排视频学习，那么长时间的视频学习会出现效率下降（尚且不考虑学生被网络上其他信息资源所吸引带来的注意力分散问题）、思考时间减少与所发现问题质量降低等问题，进而此后的课堂交流也会受到负面影响。因此，翻转课堂教学应该关注非线性学习特点，学校应统一安排，整体把握，从教学主体、内容选择、模式设计、教学环境等多方面系统进行。

2. 中观层面

中观层面基于塔尔伯特的翻转课堂结构图模型，结合具体课程的施教情况，主要分为课前知识传授、课中知识内化、课后检验评价三个主要阶段，并在此基础上进行教学反思和总结，从而实现教学理念的进一步更新，服务后续实践。一是课前知识传授。该阶段主要包括导学文案设计、视频录制、习题自测等。执行翻转课堂教学首先要求教师明确课程教学目的与知识要点，选择需要学生记忆或理解的知识点作为录制内容（一般认为理论性较强或可教性不强的内容不太适合录制），并在网络教学平台上发布供学生下载学习。在学生视频学习过程中，教师需要设计任务单、学习要求、预习自测题库等导学案，使学生能够知晓学习要求和方法，同时创设学习疑问，引发学生思考；通过创建QQ群、微信、讨论区等方式建设虚拟学习社区，向学生提供视频之外的PPT、文档、图片等其他辅助教学资源，通过收集、整理网络中相关教学资源并向学生传递，便于学生课前学习时的互动交流、协作学习；另外要设计视频交互界面,记录学生学习过程,防止学生视频学习时出现走过场、应付式学习的情况,切实提高学生课前自主学习质量。二是课中知识内化。该阶段主要包括问题解决、课堂讲授、小组讨论等。课上学习内容要围绕学生课前视频学习内容进行,是对学生的已知知识进行深化、拓展和运用,即知识的内化的过程。翻转课堂将课堂教学由原来教师独白讲授转变为师生互动学习。首先,教师可通过应用交互式课堂应答系统,迅速掌握学生学习进度与情况,明晰学生所遇难题,洞察学生对于知识点的错误理解,在此基础上讨论检查结果,有针对性地回答学生的学习疑惑,寻找多个共性问题的知识联结点,进而围绕节点知识组织课堂讨论与交流。在课堂讨论过程中,教师应合理分组,引导学生的团队学习与同伴合作互助意识,学会倾听,并要求学生在课堂结束或者课程结束时进行成果展示,以有效地开展课堂讨论,尽量避免出现"形式上集体讨论,实际上个体化学习"的状态,使课堂讨论成为重视知识、技能与个体生命的深度拥抱,是师生在互动中内化技能、创生知识的过程,并在此过程中提高学生批判意识与思考能力。三是课后检验评价。该阶段主要包括学习评价、成果展示、实践应用等。首先,教师围绕学生表现进行客观全面的学习评价,使学生通过评价再次验证其所学知识并修正此前形成的观点与看法;其次是知识升华,主要是基于课堂知识的进一步凝练与探讨,教师对整堂课的学习内容的知识脉络进行梳理、归纳、总结,进行学习结果分析,并在此基础上指导学生进行实践的验证与运用。

3.微观层面

翻转课堂教学比较适用于以下特征的教学:教师明确知道学生掌握和没有掌握的知识,教学知识点能够较好对接学生知识基础与接受能力,且可以凭借视频技术呈现相关内容。通过教师引导与视频学习,学生可以将60%~80%的知识掌握,其他不懂的地方在课中讲授与交流的过程中解决,如对于新授课、复习课、探究性学习课等,翻转课堂均具有不同的适用性。简言之,翻转课堂主要适用于能够利用这种教学模式且可能取得较好教学效果的课程,翻转课堂的选择与设计应考虑学科属性、课程知识点之间的关联、师生状态等因素,做好学情分析,课堂"宜翻则翻",切忌机械。

(二)翻转课堂建设的两大支撑

创设问题探究性教学是翻转课堂建设的关键。问题引导与探究贯穿翻转课堂全过程,传统课堂教学重视并要求学生课前学习,但并未找到有效的控制方式,且严格教学计划要求下的课堂讲授不能很好地对接学生个性化学习特征,使得课堂讲授与学生课前预习、课后知识升华关联度不高。翻转课堂则明确要求学生观看教学视频与预习资料,教师借此"号脉"学生的学习兴趣与短板,并精心准备课堂讲授内容与讨论主题,形成"教师有目的性、有计划地教,学生有兴趣、有方法地学"的良性教学互益状态,有助于学生的学习与领会。培养学生自主性学习能力是翻转课堂建设的基础。新形势下的教育教学不仅要让学生知道学习了什么,更应该让其知道怎么学以及通过何种方式获得可接受的结论;教育不是简单的知识传授,更应是教师指导与学生自学基础上的学生自主学习能力的培养。基于前述翻转课堂教学设计,我们可以发现其主要目的是通过转变师生角色、采用视频先进技术和多样的互动体验式教学活动安排服务于学生学习兴趣的培养,创建自主学习氛围,学生学习将"自主发现问题、教师指导、小组讨论和合作"相结合,进而增强学生学习的内驱力,把握并满足学生学习需求,真正实现从"要我学"向"我要学"的转变。

第四节　建设创新人才培养的师资队伍

随着社会的进步,越来越多的人关心教育问题,对高校的教育质量提出了更高的要求。要有效提高我国各大高校教学质量,加大师资队伍建设是关键。本节对财经类高校师资队伍建设现状进行分析,并探讨解决问题的有效对策。从而提高高校的教学质量,为社会培养出一批新型的创新型人才。

一、财经类院校师资队伍建设现状分析

(一)师资队伍结构

财经类高校师资队伍在结构方面存在的问题,主要体现的是结构不合理,一般情况下,人们多是从教师的学历高低、职称大小等多个方面来判断学校的师资力量是否雄厚,从这几个方面来看,也基本上看得出师资队伍各方面的水平。为了有效提高师资力量,教育部开展了多项计划,目的就是将我国

各大高校的师资力量提上新的台阶,将整个师资结构进行调整。虽然,各大财经类高校在师资结构上,和历年相比已经取得了很大的进步,但是,还是存在一些不尽如人意的地方,比较突出的问题就是财经类高校缺乏高学历的人才,大多数教师都是硕士,博士生较少,对教育造成了一定的影响。更重要的是,高学历的教师在分布上存在很大的问题,高学历的教师一般都在大城市的财经类高校教学,而一些比较偏远的财经类高校,教师的水平普遍都比较低。至于在年龄方面,我国大多数财经类高校的教师都是中青年教师,而中青年教师多数学历都不高,尤其是在普通财经类高校校内,高层次的人才严重缺乏,这样的情况下,高效的教学质量难以提升①。

(二)双师型教师不能满足财经类高校的需要

现如今,我国财经类高校大学生都存在一个突出的问题,就是实践能力比较差,当参与社会工作时,很难达到公司的要求,无法胜任。为了解决这一问题,高校应尽量招聘高学历、高素质的财经教师,为其开展培训工作,将其培养成为双师型教师。所谓的双师型教师,就是要求教师具备基本教学素质的同时,要具有实践教学的能力。不过,在实际中,我国财经类高校教师的知识水平与实践能力相比,前者都明显高于后者,导致这一现象的主要原因就是,各大财经类高校在进行教师招聘工作时,将考虑重点放在成本上,因为学校要是招聘具有较高实践能力的教师,学校除了付给教师薪水之外,还需要为这些教师缴纳保险等费用,需要花费一笔资金。所以,综合

①王珏敏. 财经类高校实践教学团队建设研究[D]. 太原:山西财经大学,2013.

考虑,学校不愿意去聘请这类教师,打造双师型教师成为高校所面临的一大难题。

(三)教学质量方面存在的问题

在我国财经类高校中工作的一些教师是兼职教师,这些教师的责任心不是很强,另外有些教师拥有自己的另外一份工作,只是将教师这一职位当作自己的第二职业来看待,这样的工作性质,直接影响到教学质量。不仅如此,现在越来越多的财经类高校教师存在这样的一个心理,就是将教师工作作为自己职业的一个过渡阶段,一旦找到高薪的工作,立马跳槽,现在我国高校外聘教师的数量正呈现出攀升趋势,这样的情况之下,学校的师资力量必然受到影响,阻碍了师资队伍建设工作的发展。高等院校的教师工作主要是教学,并且是与科研工作相互结合、相辅相成,但是现如今,这两者并没有呈现出相辅相成的关系,反而出现了相抵触的现象。导致这一现象的主要原因就是财经类高校过度重视科研工作,这样一来,教学工作就慢慢得不到教师的重视,教师把精力投入到科研工作当中,教学质量则无法提高,严重影响到财经类高校师资队伍建设。

(四)管理方面存在的问题

目前,很多财经类高校都没有足够重视师资管理这方面的工作,在进行教师考核、培训等方面的制度上,具有很大的随意性,无法良好地调动学校教师的积极性,财经类高校教师在岗位上工作,只是任务式地完成教学工作而已,责任心不强。其次,我国各大财经类高校的聘任制并没有贯彻到位,落实好聘任制可有效调动教师的积极性,而且对于教师管理具有积极的意义。可是,实际上,各大财经类高校在落实聘任制上却问题重重,学校过度重视对教师的职称评价工作,教师若是得到职称,就可以在相应的职位上工作,这样,教师即可获得比较高的薪水,在这一过程中,严重缺少聘任制,时间一长,对调动教师的工作干劲必然会造成不利的影响。另外我国在教师学术评估上,并没有形成一套科学的评估体系,呈现出的是量化现象,同时,也不具有量化方面的细化指标,这样一来,教师只会一味的追求科研数量,而不重视科研的质量,这样不但是一种学术腐败行为,更重要的是不利于学术的发展。

二、解决财经类高校师资队伍建设问题的有效对策

我国财经类高校师资队伍建设存在的问题比较突出,对师资建设起到了严重的阻碍作用,打造出一支高素质、高技能的师资队伍,对各大财经类高校的发展具有重大意义,更是我国各大财经类高校健康发展的需要。

(一)实现师资结构优化配置

师资结构不合理是财经类高校师资建设中比较突出的一个问题,要解决这一问题,首先,要进行合理的人力资源规划,每个财经类高校的师资结构都不相同,进行师资规划时,要从多个角度出发,全面考虑教师学历、年龄以及学科等方面的情况,要根据学校日后的发展计划,制定师资目标。然后,对计划做详细的分析,明确学校所要引入的研究方向、学科以及人才等,进行资源优化配置。其次,做好选拔工作,不断完善选拔制度。在进行教师选拔时,需要考虑到学校的学科建设工

作,并引进具有高水平的人才作为高校的领军人物,带领学校的发展。最后,实现用人机制灵活化。在师资队伍建设中,可采国外优秀的教学经验,要求国外高校的专家到学校开展座谈会,让我国财经类高校教师与这些著名高校的教师相互沟通教学经验,必要时,可聘请海外的教授兼任我国财经类高校的教授或学院主任等工作,这是一种引进师资人才的较好方式。以此带领我国财经类高校的青年教师采用先进的教学方法开展教学工作,全面提高高校的师资水平,从而实现资源优化配置。

(二)做好师资队伍管理工作

要对管理方法进行更新,采用科学的管理方法进行管理,从而提高整个师资队伍的管理水平。第一,进行师资队伍建设时,管理的范围要全面,要采用各种方法来提高教师的业务水平,必要时,为教师开展思想道德培训工作,使师资队伍中每个教师都是高素质教师。第二,加强教师的教育培训力度,定期要求教师参与培训工作,并不断更新管理方式,坚持采用科学的管理方法来提高师资队伍的整体水平。第三,为了使财经类高校师资队伍形成一支稳定的团队,财经类高校要从管理上留住教师,采用各种方式来调动教师对工作的积极性。另外,在管理的过程中,师资管理队伍还可灵活地使用现有的管理工具,进行管理,突出管理的作用。

(三)协调队伍结构发展

财经类高校师资队伍建设中,存在的问题比较突出,导致师资队伍建设发展不协调,为了解决这一问题,有效的方法就是完善人才引进机制。将招聘的对象重点放在科研人员上，因为杰出的科研人员不但具有专业的知识，而且具有很强的实践能力，在展开教学工作的过程中，可成为学生的榜样，在学生的学习当中给予更多的帮助。另外，进行招聘时，要扩大招聘的途径，进行方式多样化、途径多样化以及渠道多样化的招聘方式，为了全面提高教学质量，完善招聘方面的各种福利政策，招聘知名的教授、专家兼职任教，或是将招聘扩展到国外。在完善人才引进机制的同时，对教师的培养工作要给予高度的重视。这就要求制定教师培训计划，做好教育质量监管工作，定期对教师的教学情况进行考核，这样可让教师及时发现自己存在的不足之处。另外，设置奖惩制度，对在工作中表现良好的教师给予奖励，有效调动教师的积极性。

（四）采用现代化的教学理念开展教学工作

采用现代化教学理念是提高教学质量，提高师资力量的主要途径，在现代化教学理念下开展教学工作，要求坚持以人为本、主体性、创造性以及开放性的教学理念。要本着以人为本的教学理念，将精英教育的教学观念进行转化，转化成为大众教学观念，并进行通识性教育，从教学方法上促使全面发展。让学生成为教学的主题，整个教学活动都围绕学生来展开，使每个学生都主动参与到教学活动当中，激发学生的潜力。财经类高校是培养财经人才的地方，学校要培养出具有创新能力的财经人才才能符合企业的需要、社会的需要，因此，财经类高校教师要树立创造性理念，培养出具有创新精神，适应时代的学生。最后，将开放性的教育理念取代传统的教学理念，这是我国财经类高校走向新型教育路线的体现,在教学过程中采用现代化技术开展教育工作,充分利用各种教育资源,扩大教学面,从而适应时代的需求。

(五)全面提高教师的素质

教师素质和教学质量息息相关,因此,在财经类高校师资队伍建设中,提高财经类高校教师的素质是其中一个重要的任务。提高教师素质的方式很多,例如,每个财经类高校结合教师的实际情况,为教师制定一个培训计划,通过培训工作来提高教师的素质。另外,根据财经类高校教师的学历,做好分层指导工作,为教师开展指导教育工作,需要注意的问题是要以实效为中心,让教师在培训之后可以学以致用,使教师成为学校的科研领军人或是管理者。另外,学校为了调动教师攻读学位的积极性,可推出相关的政策,给予表现良好的教师公费攻读学位的机会。

第四章 财经类高校人才培养的路径选择

在知识经济时代,人的知识、智力和创新能力是知识经济社会发展的源动力。大学作为人才的培养摇篮,在以高科技为基础的知识经济中,发挥着越来越重要的作用,它担负着为社会培养所需要人才的重任。在社会普遍重视"能力教育"的时代,高等院校向社会输送人才的质量符合社会发展的需求,是高校赖以生存的根本,同时也是社会关注的焦点。随着现代社会的不断发展,社会对高校毕业生的质量要求也在发生根本性变化,目前的状况是现阶段高校培养的大学生与企事业单位需求之间存在偏差,进而导致高校培养的大学生不能有效满足社会的需求,所以,高校应该更加注重提高教育质量,更加注重用创新引领科技发展,加快培养具有创新精神和创业能力的复合型人才,大力培养大学生的实践动手能力、创新精神和创业意识,提高大学生的创新创业素质,为"大众创业、万众创新"培养更多的主力军。

实践教学是学校提高教学质量,培育应用型人才的关键环节,关乎其生存和发展。在"大众创业,万众创新"的大潮流下,财经类高校培养的人才已经不能满足社会的需求,这就需要高校改革和完善现有的实践教学模式,培育符合企事业单位所需的具有创新意识和创新能力的人才。因为只有创新,才有高校育人模式的成功，只有创新才有企业需要的人才，也才有学生自己的发展。

第一节 创建"学业、就业、创业、事业"教育链模式

财经类高校要全面增强学生的"实践能力、创造能力、就业能力、创业能力"，仅靠增开几门相关课程是不够的，而需要采用将"学业、就业、创业、事业"四业教育融为一体的教育链人才培养模式。

随着高校由精英教育向大众教育的转变，大学生的就业问题日益成为社会关注的焦点。为提高大学生的综合素质，促进其充分就业，必须"要注重增强学生的实践能力、创造能力、就业能力和创业能力"。因此众多财经类高校都不同程度地开设了就业、创业教育课程。但是要全面增强大学生的"四种"能力，仅靠增开几门相关课程是不够的，而需要将"学业、就业、创业、事业"四业教育作为一个整体，进行系统规划、统筹安排，贯穿于整个教育教学过程。作者将"四业"教育有机融合的模式称之为"学业、就业、创业、事业"教育链人才培养模式。

一、"四业"教育链人才培养模式的内涵

学业教育是财经类高校对大学生就规定学科进行教育的过程。就业教育是财经类高校有目的、有计划、有步骤地对大学生的职业定位、职业心理发展和求职择业准备等施以影响，从而保证大学生实现合理、顺利就业的教育过程。创业，从狭

义上说是指人们为了自己的生存和发展,创造性地投资兴办经济实体,并获得经济利益的实践过程;从广义上说还包括个人以工资形式就业以后,在已有岗位上努力工作,不断创新,把原有的事业开拓壮大。创业教育则是财经类高校以课程教学与实践活动为主要载体,以培养提高创业主体综合素质为主要目标,培养学生未来从事创业实践活动所必备的知识、能力与心理品质等素质。事业教育则是以事业心、责任感为中心的主题教育,旨在帮助学生如何选择和成就事业。

在教育链人才培养模式中,对大学生进行"学业、就业、创业、事业"教育,四者既有相对的独立性,又有紧密的联系性。就其联系性而言,学业是基础,就业是完成学业的基本目标,创业是高水平的就业(它不但为自己实现就业,且为他人提供就业),事业则是学业、就业、创业的终极追求目标,是最高境界。根据系统工程学"整体大于部分之和"的原理,如果把大学生"学业、就业、创业、事业"四个环节的教育紧密而灵活地连接起来,形成一条良性运行、互为促进的教育链,其教育效果及作用必将大于对学生进行的单独专项教育。因此我们认为,对大学生进行"学业、就业、创业、事业"的系统教育,构建"四业"教育链人才培养模式,对培养具备"四种"能力、符合社会需求的高素质人才有着现实的深远意义。

二、"四业"教育链的教育内容体系及实施方法

(一)应以学生就业、创业为目标组织和开展学业教育

1.专业教育

即帮助学生掌握未来就业、创业所需的基础知识、专业知

识和专业技能。

2.学习方法教育

即帮助学生掌握适合自己的学习方法,学会最有效的学习。

3.实践活动教育

即通过模拟实践、案例教学、实习等方式来培养学生的专业技能和技巧,提高实际操作能力和社会适应能力。

(二)就业教育

就业教育主要是教育引导财经类高校学生大一时认真制定职业生涯规划,做好职业定位,规划好大学生活,引导毕业生全面了解就业政策,科学确定就业目标,力争正确求职择业。

1.就业政策教育

向学生介绍当前我国及院校所在省区关于大学毕业生的就业政策,户口、档案管理政策和升学、入伍政策等方面内容。

2.科学确定就业目标教育

引导学生结合自身所学专业、特点和社会需求、国家政策的导向,有意识地确定自己就业地点、就业岗位、就业收入、就业发展目标等方面的内容。

3.就业方向教育

以学校所设专业为主,结合专业方向为学生提供该专业就业范围的知名企业或用人单位情况,包括企业的简介、用人需求、用人特点、对人才知识结构和能力要求等方面信息,引导学生正确定位自己今后的职业方向,做好就业指导教育。

4.求职择业教育

主要是教育引导毕业生怎样调整就业期望值,怎样认清就业形势,怎样收集和利用就业信息,怎样撰写制作就业自荐表,怎样面试,怎样节省就业费用,怎样选择就业单位和制定职业生涯规划等方面内容。

5.就业励志教育

主要介绍在实行自主择业政策之后,国内各校各专业毕业生成功就业的典型实例以及世界名校毕业生成功就业的经典实例等。通过成功就业案例的分析点评,增强学生的就业信心。

(三)创业教育

创业教育主要是通过课程教学与实践活动,以开发和提高学生尤其是毕业生的创业精神、创业技能,积累创业经验的教育。

1.创业政策教育

使学生了解国家关于创业方面的政策措施。如国家对大学生创业的优惠政策,创业所需场所、资金的解决途径,税收政策等方面内容。

2.创业实践教育

开设"创业学"课程,教授学生创业的理论知识。通过创业成功案例以及聘请有实战经验的成功创业者为学生提供创业经验学习,提高学生创业知识理论联系实际的水平。

3.创业大赛教育

针对每年举办的全国大学生"挑战杯"创业计划大赛,组织学生参加比赛。提供相关大赛学习讲座,如借鉴学习其他财经类高校组织师生参赛的先进经验,历届参赛获奖的优秀成果,世界名校大学生创业计划大赛的优秀成果等方面的内容。

4.创业实例教育

对大学毕业生的创业典型实例进行分析点评,归纳其中的规律和特点,为学生创业提供模仿的典范,从而实现自己的创业。

(四)事业教育

事业教育主要是通过课堂教学和第二课堂教育,将思想政治教育和具体就业指导有机结合,教育和鼓励学生树立科学的理想,正确选择自己的职业和工作,以加强学生的理想信念教育为核心,引导学生树立事业观,培养学生的职业道德,增强学生爱岗敬业精神以及事业责任感。

1.理想信念教育

"如果信念形成某种系统,它们就变成了人的世界观"。帮助学生树立正确的世界观和人生观,树立正确的职业观,加强学生的价值观及理想信念教育的力度,引导其树立正确的择业观念,树立强烈的事业心和崇高的责任感,把个人的发展与国家利益和社会利益有机结合起来。

2.行业形势教育

结合国际政治经济时事,为学生介绍各行业建设情况和发展前景、趋势,为学生的正确择业就业提供方向参考。

3.社会实践基地教育

以革命传统教育基地,行业先进典型教育基地,就业、创业教育基地以及国内外名校毕业生执着追求、奋力拼搏、取得辉煌业绩的典型实例,我国及世界政治家、企业家、文学家、军事家等取得辉煌业绩的经典范例等方面作为教育内容。

4.职业道德教育

良好的职业道德是追求事业发展和实现人生理想的基本保证。职业道德教育包括诚信教育、爱岗敬业精神、团结协作精神、奉献精神等方面内容。通过经典案例生动解析职业道德对学生今后事业发展的重要意义。

(五)创建"学业、就业、创业、事业"教育网站

现代计算机网络技术具有信息容量大,且能够广泛、灵活地操作使用的特点。依托教育网络不但使"四业"教育链功能大大提高,而且有利于广大受教育者的运用和接受。教育网站不受时空限制的持续服务,内容的不断更新、充实,更有利于受教育者随时都能方便地接触新知识,这也使"学业、就业、创业、事业"教育链的持续性得以充分体现。从新生入学开始就要引导他们进入"学业、就业、创业、事业"教育网站进行学习,逐步培养他们的有关意识和能力。

(六)优化组合学校的专业教学资源

应根据不同学科、不同专业的需要,如市场营销、会计、财税、金融、国际经济与贸易、工商管理、物流、商务英语、法律等专业安排不同的教育指导内容,满足不同专业学生的需要。

(七)优化内外组合,"走出去、请进来",加强校企结合的力度

通过学校对外服务企业、服务社会,为学生提供实践基地和实践机会,提高学生的实践能力,并增强争取社会支持学校办学的力度。

三、针对性培养财经类高校教育人才

(一)财经类高校教育人才培养工作在实践中升华

"四业"教育作为高等教育的新型形式,其主要任务是培养适应社会主义现代化生产、建设、管理、服务第一线需要的高素质技能型人才,坚持以就业为导向、以服务为宗旨,走产学研相结合的发展道路。几十年来,整个高校战线围绕教育行政主管部门的这些要求,尊重和顺应市场规律,突破传统本科"压缩饼干"式的教学模式,坚持面向区域经济和行业发展,做了大量探索性的工作。概括起来,主要表现为以下几个方面。

1.全面践行"以生为本"的办学理念

总体而言,财经类高校在执行和坚持以生为本的办学理念方面做得是比较好的,尤其是如何在教学、学生管理中从学生的需要和特点出发,从落实和满足学生的愿望出发,围绕以就业为导向的人才培养方面做了许多积极有效的工作。较之其他各类各层次教育形式,高校教育在这一点上是做得比较好的。

2.始终坚持开放办学的发展方针

财经类高校积极主动面向生产建设、管理、服务第一线,

面向区域经济社会发展和行业需要设立专业,制订人才培养标准,改善办学条件,采取"请进来、走出去"的方法建设专兼结合的教学团队和双师素养的教师队伍,紧密联系行业企业需要,积极开展科学研究、社会服务,甚至在文化传承和创新方面都做了大量的工作,并取得了显著实效。

3. 构建多样化的"四合作"办学模式

各财经类高校坚持以合作办学、合作就业、合作发展、合作育人为主的"四合作"办学模式,教学中全方位融入产业、行业、企业、职业和实践要素,最大可能地吸纳行业企业和社会力量,整合行业企业和社会资源,促进了学校办学与行业企业的有机结合,采用多种方式共建共管实验教学基地,包括推进校内实践基地生产化、校外实训基地教学化等,促进了人才培养质量的提高。

4. 广泛开展订单式人才培养

订单式人才培养是近年来在高校教育实践过程中创造出来的一种重要形式,也是联结教学与应用、理论与实践的重要途径,各院校探索出了多样化、大规模的订单式培养方法,有"2+1"式订单,有"1+2"式订单,有一入学甚至未入学就组建订单班的,还有按照企业单位需求而招生的等,大大提高了人才培养工作的针对性,促进了就业率和就业质量的提高。

5. 不断丰富人才培养的具体模式

财经类高校战线遵循规律、与时俱进、锐于创新、不断探索,在"以生为本"办学理念指引下,充分利用开放办学条件和"四合作"机制,结合订单式人才培养,创造了许多具体的、丰富多彩的、确有实效的人才培养模式,包括"2+1"人才培养模式、"2+0.5+0.5"人才培养模式、"4+1"人才培养模式、岗证单人才培养模式、"三方联动、三位合一"人才培养模式等,大大丰富了财经类高校教育和职业教育理论,也促进了高等教育的发展。

(二)财经类高校教育人才培养理念的基本思路

无论采用什么样的人才培养理念和方法,财经类高校教育必须围绕"培养什么样的人,怎样培养人"的目标来进行,必须遵循学生发展规律,以最大限度地适应人的身心发展和健康成长为目标,以最大可能地满足行业企业单位的用人需要为指向,并体现终身教育理念。正是基于这样的考虑,作者以为,校企合作、工学结合、顶岗实习这种理念和做法融入人才培养的过程之中,是正确的,也是必要的,但它只不过是手段、方法、形式和载体而已。其最终的要求是:学生经过学习,顺利实现从普通中学生向职业人的转换,毕业生初次上岗率高,适应性比较强,并在岗位上能够有较强的迁移能力,实现人生的可持续发展。鉴于此,浙江金融职业学院在国家示范性高校院校建设过程中,经过不断探索,形成了"四业贯通"的人才培养理念①。具体思路如下。

1.办好专业

专业设置要紧密围绕区域经济社会发展和行业发展需要,从行业企业需求出发,正确布点,科学布局,努力办好具有本地特点、高校特征、学院特色的专业,要求每一个专业的毕业生实现对口就业、优质就业、顺利就业,初次就业有冲击力、岗

---

①黄兆信,曾尔雷,施永川,等.以岗位创业为导向:高校创业教育转型发展的战略选择[J].教育研究,2012(12):46-52.

位迁移有适应力、人生发展有持续力。为此，必须经常开展人才需求调研，研究人才市场发展变化，不断调整和优化教学内容和教学目标。比如财经类高校金融管理与实务专业过去偏重培养一线柜员，注重业务操作和技能水平。经过多次调研后发现学生就业岗位中的产品意识、营销能力十分重要，即调整为"三熟二有一会"（熟练操作、熟知产品、熟悉营销；有科技人文、职业素养；会宏观分析），深受用人单位欢迎。

2.强化职业

职业教育的重要特点是高等学历教育与职业岗位培训的有机结合。因此，学校在专业建设过程中，除了坚持开放办学、紧贴行业企业一线，重视对职业岗位的分析和研究以外，还十分注重推广和拓展与行业企业合作的订单式人才培养，并与行业企业联合组建专兼结合型教学团队，在教学中引入行业企业从业必需的岗位资格证书，从而使专业教学实现了学历教育和职业培训的有机结合。与此同时，根据用人单位的需求和"80后""90后"学生的特点，特别强调要把职业能力与职业素质教育结合起来，既培养学生的人际沟通能力、业务操作能力和业务动手能力，更注意培养学生具有崇高的职业理想、良好的职业道德、严明的职业纪律，真正做到德才兼备、素能皆优。为此，学院专门建立了职业素质拓展训练基地，设立了旨在培养学生综合素质的明理学院，围绕"明法理、明德理、明情理、明学理、明事理"等内涵深入展开工作。

3.注重学业

当今的世界是丰富而多彩的，但学生以学为主，这是办学的基本规矩和要求。但在现实生活中也面临着许多矛盾和挑战,尤其是在职业教育强调能力为重的背景下,处理不好就会受到冲击和挑战,因此,既要要求学生面向实践,跳出书本,培养适应社会、适应市场、适应岗位的实际能力,以避免理论脱离实际、教学脱离实践、育人脱离需求的不良倾向,又要防止以一种倾向压倒另一种倾向,混淆职业培训和学校教育的区别,淡化学校教育上的特质要求,过多削弱知识的传授和必要的理论分析,过分地降低对学生课堂教学和学业的考核。职业教育作为高等教育的重要形式,还是要强调学生以学为主,还是要谋求知识、能力和素质的统一。在坚持一些理论课程教学的同时,对学生的考核和要求也应该回归到以学为主。

4.重视就业

就业乃民生之本,高等教育以就业为导向,以服务为宗旨。正因为这样,就业率、就业质量一直是高校教育中比较重要的评价指标,甚至有很多财经类高校将其就业率作为每年评价学校教育是否成功的关键标准,在某种程度上来说,这说明了对就业的关注以及对学生未来状况的关注,因此,对于学校来说,与就业有关的一系列问题就得到了关注。如何以就业为导向实施教学,如何适应就业市场的变化来调整和更新教学内容,更新和优化教学方法,这是财经类高校必须深入思考的。为此,要注意从以下几个方面来重视就业工作:一是提高人才培养质量,提高人才培养工作的市场适应力以促进就业工作的开展,这是提高就业的重中之重,只有人才质量提高了,才会有就业率的上升,人才质量永远是第一位的,无法撼动的。二是积极营造学校办学的合作氛围,谋求与更多的行业企业合作就业,学习期间,学生是否有一定的机会去企业学习实践,是否有锻炼的机会,这些因素实际上都会影响人才的最终形成,只有在学习理论之余不断地实践才会使得理论灵活运用于实际。三是号召学校干部教师充分利用各自所掌握的资源帮助指导学生做好就业工作,学校老师是学生的引路人,可以根据自己的经历对学生进行指导,让学生少走弯路。四是学校内部强化对就业工作的领导,真正做到"一把手抓就业,考核奖惩促就业,齐抓共管强就业",就业工作是学校工作的重点部分,对学生的今后职业生涯有很大的指导作用和引导作用,应该将其地位再酌情提高,因为很多高校并未将就业指导放到一个比较明显的位置,甚至有很多高校干脆在就业指导上不下功夫,这都是在人才培养环节的缺失。五是千方百计动员校友力量,综合利用家长和社会等力量推进就业工作的有效开展,各方面力量的吸收,能够促进学生更快地适应就业生活;六是采用订单培养、跟单培训等多种方法,提高教学针对性,提高学生就业水平,全面促进毕业生就业工作水平的提高,这与之前加强与企业之间的合作有共通之处,都是强调学生与企业的一种双向关系。

5.鼓励创业

创业教育与创业实践是高等教育的一大特色。财经类高校教育应该以就业和创业为导向兼顾少量升学,但由于财经类高校毕业生年龄小、社会阅历浅,而创业实践涉及法律、市场、工商、社会等综合知识和能力,因而,对于财经类高校毕业生来说,还是一件难事;传统普通本科学校虽在理论教学、知识传授方面更高一筹,但由于受教学模式、观念、方法等因素的影响,尤其是考研指挥棒的导向,往往对创业教育比较容易忽略,因而,创业工作开展得也不是很好;财经类高校教育,无论是年龄层次、学历层次、培养模式都比较符合创业教学与创业实践的要求,因此,采取鼓励创业的导向是必要的。这样做,既有利于引导更多的学生投入到创业实践中去,又有利于长期推进"校企合作共生体"的建设,从而促进学院的可持续发展。至于创业教育本身,我们要鼓励其从小处着手,提篮小卖、门面销售、电子商户都属于其范畴。当然,能够建厂创公司的更应鼓励发扬,把鼓励创业作为人才培养工作的理念,这在电子商务、市场营销、国际贸易、经纪中介等专业中尤其有意义。

6.成就事业

一般而言,高等教育是个人从学生时代迈向职业社会的最后一站,因此,高等教育不仅要瞄准就业、重视就业,还有必要着眼事业、规划人生。作为学校,更有责任和义务重视学生职业生涯规划指导,在推进学生充分就业、对口就业、优质就业的同时,为学生将来可持续发展打下扎实基础。同时,学校必须切实重视和加强校友会工作,注意校友桥梁的架通、校友文化的传承、校友平台的搭建,坚持做到"重视成就校友、关心弱势校友、巩固老校友、开发新校友",形成校友与学校事业的互动机制,真正把校友会建成"成就校友的名园、成长校友的桃园、全体校友的家园"。与此同时,学校也必须十分重视学校品牌建设,不断提升学校的社会声誉和影响力,从而支持和促进校友成就事业。

第二节 完善就业指导体系

一、高校就业指导理论体系的内容

(一)就业指导基本概念界定

本节通过梳理相关文献发现,目前国内外学者对于就业指导概念起源的认识相对较为统一。国内外学者较为统一认为概念起源于美国学者帕森斯,该学者在最早对于"职业指导"这一概念进行研究,并在其《选择职业》一书中明确阐述这一概念。他认为所谓就业指导可以理解为"基于劳动者自身条件,结合社会需要,促使其能够寻找到与其自身特点相符合的职业或岗位,进而使其在岗位上发挥其最大的能力和特点"[①]。此后,欧美其他学者展开对该方面的研究并将理论和实践相结合。例如英国成人继续教育发展联合会就指出就业指导的内容应该包括:就业信息、就业建议、就业评价、就业法规培训、就业相关支持及就业反馈。

至于国内对于该方面的研究可以追溯至19世纪末20世纪初。通过文献梳理发现我国最早开展对于该方面研究的是20世纪初期的清华大学,清华大学于1916年展开对于该方面的研究,并且于1923年正式成立职业指导委员会。中华人民共和国成立之后,我国由于之前的计划经济体制,高校毕业生毕业之后都会有相应岗位,所以在这样的体制中尚未有就业指

---

① 肖昊,周丹. 高等学校运行机制[M]. 武汉:武汉大学出版社,2010.

导方面的需要。但伴随市场经济的发展和高校教育的改革,高校毕业生逐渐开始面向市场,施行"双向选择"和"自主择业",进而就业指导方面的问题就逐渐成为高校关注的主要问题之一。所以自此之后才展开对于就业指导及高校就业指导体系等方面的研究。尽管国内学者关于该方面的研究起步相对较晚,但国内学者对于该方面的研究相对较为丰富,其对于就业指导这一概念提出了各自的见解。例如池中军、邹维忠、李国仓、黄继平等。但上述各个学者对于该方面的理解尽管有很大程度的相似,但也有其细微的区别。故而,为使本文的概念具有权威性和代表性,主要采用教育部全国高等学校毕业生就业指导中心组所提出的理解,即"就业指导指的是为了帮助劳动者根据自身特点和社会职业需要,选择最能发挥自己才能的职业,全面、迅速、有效地与工作岗位相结合,实现自身的人生价值和社会价值。"

(二)高校就业指导体系

我国高校的就业指导研究相对较晚,但国内学者研究相对较多,所以该方面的研究相对较为丰富。2008年,我国对于高校就业指导体系提出了的四化标准,即"全程化、全员化、专业化和信息化",并要求高校积极展开大学生就业指导工作,围绕"四化"构建具有本地高校特色的就业指导服务体系。同时,近年来,伴随国内学者对于该方面的研究的不断深入以及各级政府和各个高校在就业指导体系工作方面所取得的经验和教训,人们对于教育指导体系的认识更加地深入,对其提出了更加深刻和全面的理解。例如,肖云强就对于高校就业指导体系提出了"全程一体化"的建设构想,他认为高校的就业指导体系不应该是某个阶段或某个部门的工作,而是要在大学伊始就围绕其就业能力和就业意识方面的教育和培训,使其在大学的学习过程中不仅学会了专业知识,而且锻炼本专业在社会上所需要的个人能力,进而使其更加明确今后的就业方向,并使其具备相应的就业能力。该理解以更加全面的观点对于大学生就业指导体系进行阐释。从其概念可以看出,该理解是对这一概念的动态解释,更加全面和具体指导就业体系的构建。蒋阳飞通过对于高校就业指导体系的概念及内容研究,提出了对于从平台视角对于该概念的理解,他认为所谓的高校就业指导体系应该是一个全过程,其内容应该涵盖"平台+阶段+模块"。该理解与上述理解有一定的相似之处,两者都从过程视角对于概念理解,即都认为高校就业体系是一个全过程,同时也是一个动态的过程。但该概念更加清楚和具体地提出高校就业指导体系应该将高校作为一个平台,将大学各个学年划分为各个阶段,将培养内容划分为各个模块,由此形成较为全面和可操作性的高校就业指导体系。

据此,本节将财经类高校就业指导体系定义为财经类高校根据学生自身特点和市场需求,协助学生规划职业发展、培养职业能力、联系市场实际、选择合适的职业,进而促进学生自我价值的实现和市场发展的需求而组织的有计划的教育实践活动。即包含财经类高校校内就业指导各要素及相互关系。我国财经类高校就业指导体系的功能定位应该双重的,一是财经类高校就业指导体系是财经类高校落实政府促进就业政策的载体;二是通过教育功能成为提升财经类高校学生就业能力的载体。应该涵盖以下四个方面的内涵:第一,财经类高校就业指导体系的目标是使财经类高校毕业生具备就业能力和就业意识,提升财经类高校就业水平。第二,通过财经类高校就业指导体系落实政府促进高校毕业生就业政策。第三,财经类高校就业指导体系应该涵盖大学教育体系的全过程,并根据社会需求、学生自身情况、财经类高校情况等因素动态调整。财经类高校就业指导体系并非仅仅涵盖财经类高校临近毕业的大学生就业指导,而是将其作为大学教育的全过程任务,将其融入每个学年的教育中。同时,根据上述因素的变化和具体情况,对就业指导体系进行动态的调整,使其与时俱进。第四,财经类高校就业指导体系的"平台化"。"平台化"主要指将财经类高校作为一个大学生就业指导的平台,该平台可以将政府、高校和社会资源加以整合,使财经类高校就业指导体系更加适应政府发展的需求、高校资源的发挥和社会人才的培养。

(三)财经类高校就业指导体系的内容

基于我国财经类高校就业指导体系的功能定位及内涵,财经类高校就业指导体系的内容包括财经类高校就业指导机构的设置、财经类高校就业指导制度体系的建设、财经类高校就业指导师资团队的建设和财经类高校就业指导的课程体系建设四个方面。

1.财经类高校就业指导机构构建

财经类高校就业指导机构是根据学生自身特点和市场需求,协助学生规划职业发展、培养职业能力、联系市场实际、选择合适的职业,进而促进学生自我价值的实现和市场发展的需求而组织的有计划的教育实践活动的相关负责机构。这是国内财经类高校及学者最早研究的对象的之一。由于我国财经类高校众多,都具有各自特点的财经类高校就业机构,但这里通过研究相关文献及查阅资料发现目前我国财经类高校就业指导机构大体为"就业指导中心""创业创新学院""就业指导处"等。这些机构中除了"创业创新学院"作为独立的二级学院外,其他机构多附属于学生处。

财经类高校就业指导机构的职责可以分为以下方面:学生方面,这也是就业指导体系最重要的方面。为学生开设就业指导的相关课程、讲座等,使其对于专业、社会需求、人生规划等有着较为充分的认识;为学生收集市场需求信息,为学生就业提供协助;举办招聘会或引进企业招聘等,促进学生就业;为学生的服务的行政举措,例如办理毕业生手续、日常文件及档案管理等;校友联系和关系维护。社会方面,协助政府落实相关就业和创业政策,促进学生就业和创业;协助政府进行社会管理,通过就业率的提升促进社会稳定和发展;为政府和企业提供合适的人才,为社会发展提供人才保障。搭建与企业沟通就业信息的平台。基于此,财经类高校就业指导机构设置作为高校就业指导体系内容之一,是财经类高校就业指导体系的最终执行部门,所以其设置的有效与否直接关系到就业指导体系在执行过程中的成效。

2.财经类高校就业指导制度建设

所谓财经类高校就业指导制度是指根据财经类高校的就业指导体系所制定的要求大家共同遵守的办事规程或行动准

则。当国内财经类高校已经开始对高校就业指导工作的重视之后,纷纷设立一些与就业相关的部门和机构,而这些部门和机构之间的协作及具体的职能确定,则需要一套行之有效的就业指导制度来加以具体规范和说明,所以财经类高校就业指导制度作为我国就业指导体系的重要内容之一,是国内学者研究的热点之一。

通过研究现有的财经类高校的就业指导制度发现除了一些知名院校外,目前大多数财经类高校缺乏一套独立的就业指导制度,而是将其置于《学生管理制度》之下或者附属于学生管理部门的《职责规定》之下。尽管其名称和归属不一样但其内容主要包括以下几个方面。

(1)依据学校的就业指导体系和学校发展目标制定具体执行规定。就业指导制度存在的目的在于服务学校的发展目标和构建学校完善的学校就业指导体系,所以其应该依据上述内容完成具体内容的制定。

(2)设计完成就业指导功能的相关机构与配套部门。这是制度规定的重要内容,该制度设计的初衷是完成就业指导相关工作,而完成这一系列工作需要具体部门落实,故而制度规定一系列部门和机构。

(3)规定各部门具体职责。根据上述部门设立的目的,为各个部门规定具体的职责细则,并以文字形式确定下来,便于梳理职能职责和责任划分。

(4)根据国家就业政策、创业政策、征兵政策、"三支一扶"、大学生村官等的规定,落实服务于学生的、在学校施行的上述各项政策。

综上,就业指导制度在就业指导体系中起到重要的指导和规范的作用,是我国就业指导体系的重要组成部分之一,所以财经类高校在构建完善的就业指导体系时应该注重加强就业指导制度的构建,使之在就业指导体系中发挥良性的促进作用。

财经类高校就业指导师资团队建设。所谓就业指导师资队伍主要是指从事大学生职业指导工作的人员,即从事学生就业指导和毕业生就业工作的个人和群体。财经类高校就业指导师资团队建设是财经类高校就业指导体系是否发挥其应有功能的重要因素,学者也充分认识到一个高素质的财经类高校就业指导团队对于财经类高校就业指导体系发挥的重要作用,进而围绕该方面展开了一系列的研究。

我国就业指导师资队伍分类一般包括就业指导课程授课老师、企业兼职老师和行政工作老师三类。师资队伍中的授课老师主要是指为在校生进行常态化教授就业指导课程的相关教师;企业兼职老师是指有学校就业指导机构聘请的,以讲座或临时授课等方式为大学生教授市场需求、专业技能等方面课程的老师;行政工作老师主要是在学校就业指导机构从事后勤和行政工作的工作人员,他们也是就业指导师资队伍中的重要构成部分之一。不同的类别的师资团队,其职责也有一定的差异,授课老师的主要职责是传授就业指导的理论知识,而企业兼职老师主要传授社会需求和专业的社会要求等方面的信息,行政老师则是为整个就业指导工作顺利进行而进行各种类别的后勤工作。基于此,就业指导师资团队的建设是高校就业指导体系构建的重要内容之一。其专业化水平及其结构能够在一定程度上决定着高校就业指导体系的效果,所以财经类高校应该着重建设相应的专业化和高素质的专业就业指导师资团队。

3.财经类高校就业指导课程体系设计

所谓财经类高校就业指导课程是指根据高校就业指导体系的要求,以科学的方法来培养和发展学生的生理和心理特点为宗旨,有组织、有计划地为在校学生进行就业教育的课程、活动和建议的总和。这里通过相关文献的梳理,发现目前国内财经类高校就业指导体系中研究相对较为密集的内容之一为财经类高校就业指导课程,它也是财经类高校就业指导体系中的重要的部分。

通过对目前我国财经类高校的就业指导课程的研究,笔者认为我国就业指导课程主要包括以下方面。

(1)课程设计方面。所谓在校课程,即在校园内所进行的就业指导方面的课程教育。财经类高校就业指导在校课程主要包括理论课程,如大一所开设《大学生就业指导》《大学生就业指导和职业生涯规划》课程,大二、大三开设的企业的讲座、企业实践、模拟面试等方面,尽管其名称有所不一,但其大体相似,大四主要为在校学生提供就业信息、进行求职面试等方面。

(2)目前我国财经类高校就业指导课程的设置主要目标在于让在校生了解就业形势和对将来的就业有着一定的认识,以便于学生规划大学期间的职业目标。其教学手段以讲授的方式为主,部分高校辅之以讲座、企业参观、短期实习等方式。基于此,财经类高校就业指导课程是就业指导体系中的重要内容之一,一直以来国内学者对于该方面的研究也相对较为深入和丰富。财经类高校就业指导课程的设置中应该注重课程的合理性和针对性,使之在就业指导体系中起到相应的作用。

综上所述,目前国内外学者对于该方面的研究相对较为丰富,但国内外学者对于财经类高校就业指导体系的内容认为主要是由就业指导机构体系、制度体系、师资团队和课程四个方面的构成。

二、完善公办本科高校就业指导体系的对策建议——以某地区财经类高校为例

目前该地区财经类高校的就业体系设计基本完善,且能够在毕业生就业过程中起到一定的积极作用,但依然具有一定的完善空间,且根据重点案例的经验,该地区财经类高校的就业指导体系应该从以下四个方面加以进一步完善。

(一)就业指导机构体系构建方面

1.进一步提升对于就业指导体系构建的重视程度

北京大学是我国著名高等学府,其师资、学生质量、设备、资金等方面较该地区财经类高校而言的确具有明显的优势。其毕业生一直以来都较为受到国内用人单位的青睐,就业率及就业质量都是在国内高校中长期居于前列,例如2016年中国管理科学研究院《中国大学评价》课题组组长武书连列出了我国721所本科高校的毕业生就业质量调查,其中北京大学排第3名,北京大学之所以能够在历年来的本科毕业生工作中取得如此优异的成绩,一方面与其知名度、社会认可度、社会资

源等密切相关；另一方面，其就业指导体系对其本科生就业也有着较为明显的协助和促进作用。所以该案例能够在一定程度为该地区财经类高校提供一定的经验借鉴。

北京大学之所以能够在其毕业生就业方面取得卓著的成绩，其重要原因之一就是自上而下的对于就业指导工作和就业指导体系构建的重视。该地区财经类高校一直以来也较为重视就业指导工作的发展，但与就业率较高的院校相比，依然具有一定的差距。因此泉州公办本科高校应该进一步提升对于就业指导体系的构建的重视，具体可以从以下几个方面着手。

（1）学校应该更加注重就业指导体系的构建及完善工作，进一步加大对于该方面的支持。作者认为衡量一个大学的质量，应该从其毕业生的就业质量及未来发展着手。一个大学如果能够为社会培养更多需要的人才，同时其培养的毕业生能够适应社会各项岗位的需要，其毕业生不仅能够找到一个和自己兴趣、能力等相符的岗位，而且能够在其岗位上为社会贡献出绵薄之力。这样的大学才更具社会价值，它也能对其学生和家长递交一份完美的"答卷"。而这一切不仅依赖于大学教学、科研等各个方面的提升，也依赖就业指导体系能够发挥巨大的作用。目前该地区财经类高校已经设置了相应的就业指导机构，且基本具备了就业指导方面的功能。但就目前而言，该地区财经类高校的职能大多停留于执行各级就业政策，对于市场化方面需求的完善。基于此，作者认为该地区财经类高校应该进一步加强对于就业指导体系构建的重视，加大对就业指导体系构建工作的投入。同时，加强校领导对于就业指导中心的直接领导,提升就业指导体系在学校综合实力提升过程中的重要性。

(2)整合资源,加大对于就业指导体系构建的投入。该地区财经类高校应该注重体系的构建。例如,目前该地区财经类高校就业指导功能纳入创业创新学院,该学院尚处于发展初期,其发展依然需要各方面的助力。同时,由于就业指导体系的构建需要诸多人力、物力、财力资源的投入,所以作者认为进一步提升对于该方面的重视应该具体加大对于就业指导体系的投入,保证其构建过程中的各方面的资源的需要。

整合资源应该具体从以下方面着手:首先,该地区财经类高校的就业指导部门应该和政府及公务单位建立一定的联系。一方面方便具体政策的执行;另一方面为学生就业提供一定的信息渠道和就业渠道。其次,整合校友资源,为学生就业提供经验指导和就业机会。最后,整合企业资源,建立校企合作,为企业培养符合其需求的相关专业人才,构建校企联盟。

2.完善对外展现的网站建设

鉴于北京大学的学生就业指导服务中心网站的成功经验和目前该地区财经类高校就业指导所存在的不足,该地区财经类高校应该借鉴北京大学学生就业指导服务中心的网站设计,同时加入一些具备该地区财经类高校特色的内容,使其UI、VI及用户使用体验更加完善,使网站更加符合学生的使用需求。具体可以从以下方面着手。

(1)收集学生对于现有就业指导网站的完善意见。完善网站的前提是符合用户需求,所以该地区财经类高校要完善网站,应该首先考虑收集目前该地区财经类高校在校生和毕业生对于现有网站的完善需求,通过其反馈的意见,结合北京大学的就业指导服务中心的网站设计,开发出一个更加符合用户使用习惯的就业指导网站,完善用户体验。

(2)结合该地区财经类高校的自身特点,设计独特风格的就业指导网站。北京大学的学生就业指导服务中心的网站固然有诸多该地区财经类高校可以借鉴之处,但绝对不可照搬照抄,应该结合学校自身的特点,加入该地区财经类高校的特色要素,设计和做出具有该地区财经类高校特色的就业指导网站。

(二)就业指导制度构建方面

1.梳理各部门职能

目前,该地区财经类高校的就业指导职能除了几所较好的大学之外,其他高校的依然附属于某个大的职能体系之内,且各个就业指导职能尚不明确。北京大学的学生就业指导服务中心设置就业管理办公室、市场信息办公室和职业指导办公室三个职能部门,其各部门的分工明确,协作紧密,这也是北京大学就业指导体系优势所在。所以该地区财经类高校应该借鉴这一做法,形成一套高校的就业指导制度。具体可以从以下方面着手。

(1)明确就业指导功能在学院中的定位。据了解,由于该地区财经类高校中学院的就业指导机构的职能尚未全面完善,应该进一步明确学院就业指导功能在学校整体工作中的定位。作者认为该地区财经类高校的学院就业指导功能应该定位于以面向市场为基础及以培养学生就业意识和就业能力为核心的持续性的就业指导服务,使其充分发挥在学生就业和创业过程中的指导作用。学院的就业指导功能具体的定位应该是学校就业指导机构的辅助机构,并且应该在学院内设置相应的机构配合就业指导机构,保证就业指导功能的发挥。

(2)明确学校关于就业指导功能的各部门职责所在,形成一套高效的就业指导制度。该地区财经类高校应该进一步梳理各就业指导职能部门在整个学校部门中定位,同时梳理就业指导功能的各部门之间的职责关系,加强各部门的有效沟通和协作,进一步加强该职能在学生就业和创业过程中的作用的发挥,形成一套完善和高效的就业指导制度。

具体而言,首先,在学校整体制度中将就业指导制度作为重点实施的制度之一,从制度层面确定各部门职责;其次,学校就业指导部门应该完善部门设置,构建校友联系部门、校企合作部门、创业孵化部门、就业服务部门、就业指导部门等,并明确各部门的具体职能;最后,各学院建立相应的对接部门,与学校的就业指导部门直接对接,方便执行相关政策和传递学生对于就业指导方面的需求。

2.构建常态化的校外合作制度

该地区的财经类高校所在地区拥有众多知名的企业,这些企业每年对于大学毕业生都有着一定的刚性需求,所以该地区财经类高校应该与这些用人单位构建良好的合作关系,而这样合作关系的构建不仅可以促进该地区财经类高校就业指导体系功能的发挥,同时也可以提升高校在区域的影响力。具体可以从以下方面着手。

(1)该地区财经类高校就业指导体系应该"走出去",积极与用人单位进行沟通,并与其建立良好的合作关系,拓展学生实践渠道。由前文可知,目前该地区财经类高校的就业指导体系中主要待完善的不足之一是就业学生缺乏实践,而产生这一不足的主要原因在于学校的外部实践中心的功能发挥不充分。目前该地区财经类高校已经在当地诸多企业建立学生实践中心,但从目前的效果而言其作用并不明显。所以该地区财经类高校应该进一步"走出去"。一方面拓展更多的实践中心,建立校企联盟,使学生重接接触企业;另一方面提升合作企业的质量和合作深度,将学生具体放入这些高质量的实践中心之中,使其获得更多的成长和收获。

(2)通过更深层次的"走出去",与用人单位构建长期和可持续的人才供需的双选机制。该地区财经类高校应该与更多的高质量的用人单位进行良性的沟通,通过建立学生实践中心,使学生对于企业有着更加深入的了解,进而增加学生留下来的可能性,长此以往形成一套可持续的人才供需机制。当然,不论是用人单位还是学生个人都有着选择的权利,所以这样的合作机制应该是双向选择的机制,充分尊重学生和用人单位的选择权。

(3)借助与用人单位的持续性的合作,高效和及时的收集人才需求信息。该地区财经类高校就业指导体系的重要功能之一在于相关用人单位人才需求信息的收集,而该地区财经类高校就业指导体系可以借助与用人单位之间长期良性的合作关系,及时、高效地收集和发布相关人才需求信息,进而为学生开拓更加宽泛的就业渠道。

3.建立校友维护制度

该地区财经类高校有着多年的发展历史,目前毕业的校友已经遍布世界各地各行各业,也有着诸多行业精英,这部分资源可以在本科生就业过程中发挥着巨大的作用。目前该地区财经类高校已经认识到校友资源的重要性,已经开始在各地组织校友会、发放校友卡等方式搭建校友沟通渠道。但尽管如此,就目前而言校友资源尚未被充分开发,依然需要进一步挖掘校友资源在就业指导体系中功能的发挥。具体可以从以下方面着手。

(1)进一步加强各省份校友信息的收集和校友之间的联系。据了解,目前大部分省份的校友都有联系的QQ群,且各个地区的校友都会自发地组织一些聚会沟通感情,但依然有众多校友信息尚未被收集,同时仅仅如此、不足以发挥校友资源的功能。该地区财经类高校应该进一步加强校友信息的收集,完善校友的资源,构建强大的校友社群。同时,该地区财经类高校就业指导体系应该密切关注各个地区的校友之间的自发沟通,并有针对性地组织或参加一些校友活动,进而增加学校和校友之间的联系。

(2)发掘校友中各行精英,为毕业生拓展就业渠道。据了解,该地区财经类高校的毕业生中也有诸多已经在各行各业中具有一定成就的校友,而这部分校友能够为该地区财经类高校的毕业生提供一定就业便利或就业渠道。所以该地区财经类高校就业指导体系中应该更加充分的发挥这部分资源对于该地区财经类高校毕业生就业的作用,为该地区财经类高校的毕业生提供更为宽泛的就业渠道。

(三)就业指导师资团队构建方面

目前该地区财经类高校的就业指导体系中的诸多教师资源依然来自各学院,这样的教师团队除了担任就业和创业指导,还担负着其他方面的任务,其协作及指导功能尚未形成一套完善的体系。所以该地区财经类高校应该构建一支全面而专业的就业和创业指导教师团队,为该地区财经类高校的就业和创业指导提供专业、专门和专一的服务,提升其协作能力,促进就业指导体系的进一步完善。

1.构建专职教师团队

该地区财经类高校应该完善学校的专职就业指导的师资团队建设,构建一支专业化的就业指导师资团队。如上所述,该地区财经类高校应该加强对就业指导方面的师资团队建设,将就业指导纳入学校教师招聘的考虑范畴之内,加大对于该方面的专业研究方向的教师招聘。同时,将现有校内"兼职"老师专业化,逐步纳入就业指导专业师资团队之中。另外,就业指导师资团队应该不断深入企业,重视企业实践经验,将企业和市场对于人才的需求准确地传达给学生。

2.提升"校外兼职"教师质量

作者认为结合上述分析,该地区财经类高校应该注重"校外兼职"的就业指导师资建设。所谓的"校外兼职"师资主要指企业资深的人力资源工作人员、企业领导人等。该地区财经类高校应该加强与当地知名企业、全国知名企业、校友企业、知名创业团队、创客空间等方面合作关系,同这些企业之间建立常态化的人员交流、讲座、实习等方面的合作,并外聘这些企业的人力资源总监、副总监或领导人作为其校外师资,定期或不定期地进行讲座、学生参观、人员交流等就业指导方面的工作。

3.发挥校友资源在就业指导中作用

作者认为结合上述分析,该地区财经类高校应该充分调动校友资源对于在校生和毕业生的就业指导作用。校友具有较为丰富的工作经验,且其涉及各个行业和各个公司,具有丰富的找工作经验、深切的岗位体会等,而这些正是在校生和毕业生亟需了解的,也是他们真正想了解的。所以该地区财经类高校就业指导体系中应该整合校友资源,开辟线上沟通渠道,充分调动其对于在校生和毕业生就业疑问的指导积极性,使学生能够得到详尽和准确的就业指导。

(四)就业指导课程体系设计方面

1.建立一套贯穿始终的就业指导课程体系

就业指导体系的构建过程中不应该只以毕业生为服务对象,而且应该将在校生纳入就业体系的服务对象之中。同时,学生的就业指导并非一朝一夕即可完成,而是一个长年累月的过程。所以高校的就业指导课程体系的构建过程中应该秉承持续发展的理念,构建一套贯穿始终的就业指导课程体系,具体可以从以下几个方面着手。

(1)在学生大一期间,为其开设就业形势、专业前景等方面的课程或讲座。据了解,大学新生刚刚步入大学生活,他们经历最为严酷的高考的"战场",对于大学有着诸多美好的幻想,然而此时的他们也正是最容易松懈的时候。部分大一新生会认为大学还有四年,现在可以放松一下,等大二或大三再奋斗也不迟。然而,这部分学生会慢慢开始迷恋游戏、沉迷于各项娱乐活动,而忽视对于专业的学习,同时长此以往,他们会逐渐沉迷于此,而形成一种学习的惰性。所以为了让学生在大学伊始就意识到危机感和紧迫感,高校的就业指导体系应该在大一之时开设以就业形势为主,专业前景为辅的就业指导,进而让学生意识到未来就业的竞争形势、专业能力要求等基本方面。

(2)在大二之时,该地区财经类高校就业指导体系应该开设一些实践课程,这些课程可以包括专业短暂实习、专业就业情况调查、企业用工情况调查等方面。据了解,部分学生在大二之时依然具有较强的惰性,依然沉迷于各项游戏、影视等娱乐活动,同时多数学生对于未来较为迷茫,不知大学生活到底如何有意义地度过。基于此,该地区财经类高校就业指导体系之中应该加强实践课程的设置,同时要让学生较早接触社会,了解社会对其专业能力、自身能力等方面的需求,也让其对社会的就业形势有一定的了解。这样的课程设置可以多元化,可以采用短期实习、专业就业情况调查、企业用工情况调查等各种方式,其主要目的就是让学生对于其未来的就业有着一定的清晰认识,进而增加其危机感和紧迫感,同时明确其在大学的奋斗方向和目标。

(3)在大三之时,该地区财经类高校的就业指导体系应该开设一些笔试及面试指导课程、专业核心能力提升的课程以及请企业的资深人员开设公司岗位对于学生能力要求的相关讲座等。据了解,首先,学生到大三这一阶段,他们即将面临实习、找工作等与其就业息息相关的事项。此时,学生最需要专业能力进一步提升,而这需要依托专业核心课程的学习;其次,他们也需要对于即将面临的笔试、面试等招聘应试环节有所了解,所以就业指导体系中应该开设相关课程,增加其对于该方面相关技巧和内容的熟悉及了解,进而增加其在求职过程中的胜算;最后,大三这一阶段是学生个人对其个人能力提升的关键阶段,而其能力的提升应该是具有针对性的,所以应该在该阶段对大三的同学开设一些由企业资深人士所进行的讲座,进一步阐明企业对于现在大学生各方面能力的要求,使其在这一个关键的阶段有针对性地提升自己的各方面能力。

(4)在大四之时,该地区财经类高校的就业指导体系功能主要体现在相关就业信息的收集及通报。据了解,大四阶段大学生的主要任务之一是找工作,对于该阶段的大学生而言,他们更加需要了解现有就业信息,特别是高质量和高时效性的就业信息。学校通过信息的收集并且及时通报,使学生能够获得更多的就业信息,在就业过程中获得一定的先机。

2.加强校内各大学科的建设

学校的知名度及口碑对于学生的就业存在着一定的直接影响,如上述案例中的北京大学之所以能够在就业方面获得如此良好的成绩,与其在国内知名度有着密切的关系,甚至可以说其影响力是造就目前如此良好就业形势的决定性因素之一。此之于该地区财经类高校亦是如此。所以该地区财经类高校应该抓住契机,大力进行形象方面的宣传。但就整体而言,该地区财经类高校在全国范围内的影响力和知名度依然处于相对较低的水平。所以该地区财经类高校应该大力加强学科建设,提升自身影响力。具体可以从以下三个方面着手。

(1)提高教学科研水平,搭建学科平台,加强自身建设,努力提升在各类"大学排名"中的名次和地位。目前国内有诸多的高校排名评价体系,同时也有就高校建设中的某个方面的评价体系,如果该地区财经类高校能够在上述评价中可以获得良好的排名,就可以增加其在全国的关注度,进而提升其影响力。而提升在不同评价体系中的排名需要加强该地区财经类高校各个学科的建设,提升其综合竞争力。

(2)注重在外省的宣传和推广,提升该地区财经类高校的知名度。目前该地区财经类高校在该地区的知名度相对较高,但是在其他省份的知名度相对较低,而该地区财经类高校在其他省份的推广也相对较弱,特别是中西部省份。所以该地区财经类高校可以采用多种形式,加强在其他省份的推广,提升该地区财经类高校的整体知名度和影响力。

(3)整合知名校友资源和关注度较高的事件,借助其知名度和影响力,在更大的平台上推广该地区财经类高校。例如,在其他的平台上有着较多校友资源,可以发挥这些校友的媒体影响力,增加该地区财经类高校在国内外媒体的曝光率,增加影响力。

第三节 构建校企合作培养模式

一、校企合作概述

(一)校企合作

通过查阅国外相关文献,可以发现"校企合作"一词有着不同的表达方式:例如:school-work, partnership, business involvement in education, business-education partnership, cooperation between school and enterprise, combination between industry and education 等。在这些不同的表达方式中,主要有以下关键词:school, business, education, industry, partnership, cooperation,它们相应的汉语分别是"学校,企业,教育和合作"。这些关键词主要包括学校与企业之间的合作。在我国,"校企合作"也可以通过产学结合、工学结合、产教结合、产学研合作等类似术语来表达。

校企合作有四个关键点:首先,学生既是学习者又是劳动者,要始终贯穿课堂学习和实际工作相结合的培训模式;其次是学生的生产实践应符合他们未来的工作领域;再次是在学校教育过程中引入实践教学,把属于不同领域的教育部门和工业部门有机地结合在一起;最后,校企合作应建立在双方实际需要的基础之上。它是双向积极参与的组合,既要遵循教育自身的发展规律,也要顺应社会经济发展的方向。因此,校企合作的实质是将高等教育与社会生产结合起来,形成一个相互依存、相互促进、相辅相成的整体。

(二)校企合作模式概述

我国有很多学者对校企合作模式有深入的研究,总结分析来看,按照不同的划分标准,大致可分为以下九种。

1.基于不同目标导向的模式分类

王章豹根据校企合作的目标,把校企合作模式分为:研究开发型、经营生产型、人才培养型、综合型四种合作模式。

2.基于不同主体作用的模式分类

李焱焱根据校企合作的主体,把校企合作模式分为高校主导、企业主导、政府主导、共同主导四种模式。

3.基于不同合作方式的模式分类

根据合作方式,校企合作模式分为:技术转让、人才联合培养、合作开发、委托开发、共建实体五种模式。

4.按等级分类

杨栩主要从制度出发,根据社会经济的作用和先进合作的程度,合作可以分为高、中、低三个层次。

5.以校企合作为媒介的不同分类

范旭以合作的媒介将现在我国现有的校企合作模式分为:以外部市场为媒介;以产权为媒介。

6.根据创新网络的层次进行分类

朱桂根据产学研合作的涵义分为三种模式:技术合作,合同合作和一体化。

7.按合作平台的不同分类

按照不同的合作平台,可以分为校企共建研发机构、校企合作委员会、虚拟人才研究室三种模式。

　　总的来说,我国的校企合作在经历了不断的实践和探索以后,校企合作的规模越来越大,模式也越来越多,内涵越来越丰富。主要体现为:第一,校企合作的模式从单一化到多样化。从合作的内容来看,从过去的企业提供教学实习向校企联合生产经营、技术攻关转变;从过去的单纯的学校给企业人员提供培训、技术咨询,到联合的资本、技术和人才的基本整合,共同建立经济实体的转型;从过去两次科研教学服务到生产、教育、科研一体化。其次,校企合作的水平逐渐由低到高。在合作层面上,从学校提供一次性的技术转让、承包、捐赠向学校和企业合作研发与建立人才培训中心的转变;由自由提供资金帮助、个人捐赠向政策主导的投资转变;由自发性的、短期的个人意愿合作向长期紧密的学校与企业共同建立经济实体的合作的转变。但是,也存在很多不足,例如:缺乏专业的合作评估,双方在寻求合作的模式上依然存在失误。合作的效果还不尽如人意,校企合作的真正功效还不能得到完全发挥[①]。

二、校企合作的意义

　　由于财经类高校为社会培养实用型综合素质人才,所以,衡量应用型大学教育质量的关键在于毕业生能否快速适应社会和企业的需求。依靠财经类高校培养应用型人才显然是不够的。这需要企业的积极参与和支持。"校企合作"的积极意

---

①张婧.财经类创新型本科人才培养研究[M].北京:光明日报出版社,2016.

义主要包括以下几个方面。

(一)有利于增强应用型高校的人才培养质量

在校企合作的环境下,学生既可以在课堂上进行理论学习,又可以深入企业进行实践,在此过程中,可以增加学生对理论学习的进一步认识,提高学习效率,也能更好地了解生产工艺,熟悉生产环境,在进行生产实践的过程中,进一步推动对未来职业生涯的规划和理解,提高解决实际问题的质量,为未来就业奠定基础。财经类高校校企合作以促进就业为宗旨,这样能彻底打通高校教育与企业对人才的需求。

在本研究中,通过问卷的形式"对某地区财经类高校与企业联合建立校外实践基地对学生有哪些影响"这一问题进行了调查,其中高达68.55%的同学认为更加有利于掌握专业知识,其他和没有明显影响所占的百分比为0%。如图4-1所示。通过问卷调查和分析,证明了"校企合作"在人才培养上有多层次多方面的意义。

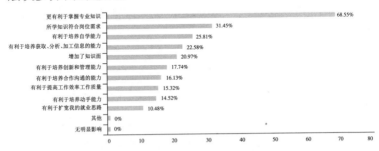

图4-1 校企联合建立校外实践基地的影响统计图

(二)有利于学校和企业资源的充分利用

在校企合作中,使学校和企业的资源得到充分利用。学生到公司实习时,学校可以利用暂时闲置的教学资源进行教师培训,也可以为校外学生提供培训服务。这不仅解决了高校教师培训设施设备不足的问题,也为学校带来了新的收入。一些教学和研究设备的成本很高,并非所有学校都有能力承担。一方面学生可以使用越来越先进的设备来提高学生的操作技能;另一方面,企业设备也可以充分利用。

(三)有利于降低应用型高校的办学成本

财经类高校需要大量的设施和设备,为学生在日常教学中实践建立实训基地。然而,随着教学设备的磨损,设备必须不断更新,大大增加了办学成本。通过"校企合作",企业可以为学校提供设备和培训场所,可以有效解决由于资金有限而导致学校没有更新培训设备的问题。这种资源共享的校企合作模式可以大大降低应用型大学的办学成本。

(四)有利于打造"双师型"的教师队伍

随着产业结构的不断调整和科技创新力度的加大,应用型大学的专业设置也应该与时俱进。按照市场需求的变化,部分财经类高校也做过专业结构的调整,但教师结构却没有发生大的变化。学校时常会出现现有教师无法胜任新专业的教学要求,或因专业发展急需引进高层次人才而不得的局面,这无疑限制了学校的长远发展,降低了学校的教育水平。因此,着力打造一支优秀的"双师型"教师队伍已成为应用型大学发展的必然选择。财经类高校的教师需要特殊的技能,直接决定了学生的实践能力水平。在对学校还需要从哪些方面加强教育教学管理这一问题的调查中,共有教师水平、教学质量、德育、学籍管理、日常管理及其他六个选项,此题为多选题,其中认为需要提升教师的教学质量的同学高达79.03%,如图4-2。

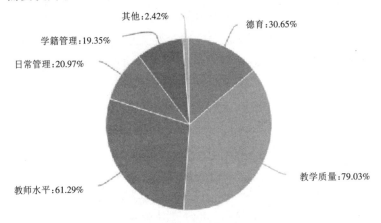

图4-2　学校教学管理应加强的方面统计图

因此,通过"校企合作",学校一方面可以鼓励专业教师积极参与商业技能培训,取得相关证书,定期安排教师参与企业实践,弥补实践经验不足和把握最前沿的技术;另一方面,学校也可聘请高科技人才担任兼职教师,以充实大学教师队伍。通过"走出去引进来"的方式,创建一支优秀的"双师型"教师队伍。

(五)有利于拓宽学生的就业渠道

大多数应用型大学始终坚持"以就业为导向"的使命为己任。因此,通过校企合作,应用型大学的学生可以在校企合作的实践中了解他们的就业需求和招聘意向。实践为就业奠定了良好的基础,并且更接近公司的招聘需求。同时,公司与学生之间的直接联系也有利于公司人力资源部门直观了解学生的情况以及优秀学生的选择。通过办学合作平台,企业可以成为教育主体之一。公司对财经类高校的教学计划、专业结构和人才培养计划进行了调整，指导学校有针对性地调整教学内容和教学模式，最终解决高校产出矛盾，满足人才和员工的需求。

（六）有利于增加企业的经济收益

对于企业来说，经济收益是吸引他们的关键点。"校企合作"模式能为企业带来的经济收益正是决定企业是否愿意参与其中的主要因素。在诸多校企合作案例中可以发现，企业在与应用型大学合作的过程中的确能获得诸多益处，除了经济收益外，还有培养储备人才的机会。随着"校企合作"的深入，企业的岗位设置也更加全面、科学、专业，与之相应对学生的综合素质要求有所提高。因此，"校企合作"模式成为企业培训优秀人才的重要来源，同时也是高校学生"学以致用"的主要基地。

在对学生在企业实践期间实际感受的调查中，共设置了13个选项，此题为多选题，其中有54.84%的同学认为非常认同企业文化及管理模式。也有一定比例的同学表示毕业后愿意继续留在本企业工作，具体内容如图4-3所示。

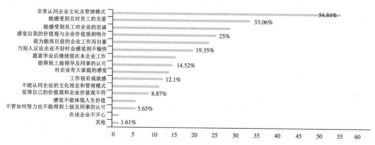

图4-3 对企业的感受统计图

企业竞争不仅是市场及产品竞争,更是人才竞争。不同于以往的单一人才招聘模式,而今更多企业兼顾人才培养。除了人才优势,企业更需重视的还有企业形象与外在口碑。"校企合作"模式正是为企业提供了建立良好企业形象,彰显优秀企业文化的机会。企业不应只着眼于眼前的利润,更应重视企业自身的文化建设与资本运行,如企业文化。由此可见,"校企合作"正是企业建设自身的良好机会,也是学校与企业互相促进、各得其益的过程。

(七)有利于降低企业的培训成本

"校企合作"不仅可以降低企业招纳、培养人才的成本,而且可以为财经类高校提供学生社会实践的岗位,无疑是双赢。财经类高校学生在企业实习培训期间所产生的费用,企业可与学校共同分担。学生在学校的学习知识和他们综合素质的发展主要由学校承担。有公司实习经验的学生可以在毕业后直接跳过培训上岗。这也是为企业节省培训成本,优选人才。此外,企业与财经类高校双方可组织定期技能培训,费用共同承担,省去另寻培训企业的成本。这样既有利于加强高校与企业间的联系与交流,也节省了经济成本与社会资源,更是方便日后的深入合作。

三、校企合作的建构与加强

(一)政府的政策保障

从国家制度建设层面角度来看,校企合作培养适应社会型高级人才是关系到社会进步的重要公共命题,国家应该重视校企合作,加大对校企合作的重视程度。政府部门的积极主动引导,相关政策扶持,加大力度参与配合对于加强校企合作至关重要。与此同时,作为学校和企业方来说,仅仅靠政府的扶持是不够的,也需要双方共同努力进步。从我国现阶段校企合作发展现状来看,政府并没正式出台关于校企合作的法律法规和社会政策。所以,建立健全政府主导型本科校企合作机制对于财经类高校和企业发展必要性极大。通过健全法律法规以及政策条例,学校和企业都能够得到发展,实现双赢。作为政府来说,政府在促进校企合作中所担任的重任有很多方面,比如说,融资投入、政策推动、奖励机制等,这将是一个漫长的过程,需要动员社会各个方面的资源,一步步踏实稳步落实。

1.国家健全校企合作法律保障机制

我国在1996年颁布了国内唯一的对于规范职业化教育的法律《中华人民共和国职业教育法》。从法律颁布至今已经有23年的时间了,在此期间对于职业化教育再无其他法律颁布。但是我们国家对于培养高职高专院校的校企合作法律法规却有不少。比如说1991年颁布《国务院关于大力发展职业技术教育的决定》。所以说,我国对于高职高专类院校专业技术人才的培养是比较重视的。

然而对于本科的校企合作重视程度却比较低。随着我国教育改革,我国的本科生教育不断发展,很多地方本科院校也不断改革。它们为了自身更好发展,也结合所在地经济发展状况,培养学生适应社会的能力,为社会输入更多有用的人才,很多本科院校与地方企业进行合作。随着财经类高校校企合作的发展与深化,问题矛盾不断显现,但是,处理这些矛盾问题没有相应的政策和法律法规。许多财经类高校只能通过借鉴高职高专院校的校企合作管理办法。其实,这些法规政策并不能很好地与财经类高校校企合作出现的矛盾相吻合。并且从现有的这些政策法规来看,大多数的都是约束性的文件,而且对于财经类高校如何与企业进行合作,除教育部门以外,国家其他部门与财经类高校校企合作关系如何处理,这方面涉及的寥寥无几。但是,对于财经类高校校企合作而言,完备的法律体系是必不可少的重要保障。比如说,北美的"合作教育"、西欧的"双元制"、澳洲的 TAFE 教育等这些成功的教育制度背后都有着强大的法律法规和政策来支持。以美国为例,美国在 1962 年颁布《职业教育法》中明确提出政府对于职业教育予以资金支持。后来的《从学校到职场机会法案》指出,校企合作的重要性,并且鼓励学校与企业进行合作。并且,美国政府对于该项政策的实施予以雄厚的资金。在美国的教育史上,该项法规具有划时代的意义,它促进了美国职业化教育的跨越式进步。

近年来随着教育不断深入变化,我国也有了值得一提的案例。2012 年宁波市政府颁布了《宁波市职业教育校企合作促进条例实施办法》,具体包括会议制度、资金筹集、实习生薪资等多项内容。通过这个文件,我们可以看出,我国的高职高专类院校校企合作在慢慢成长。但是对比而言,财经类本科院校的校企合作法律法规政策文件一直都处于空白阶段。政府部门对于财经类本科院校校企合作法律法规的制定,要在借鉴高职高专院校校企合作法律政策的基础上开展。建立适合本科财经类院校校企合作的政策制度。

国家、企业、本科高校参与校企合作的权利、义务要明确好,在相关的法律条文上规定好各方的职权以及如果各方违反规定所要承担的责任。国家要用法律手段规定校企合作两方签订合同。在合同中要规定好双方需要承担的责任和义务,并且要健全学生权益保护制度、培训教师上岗职责、实习生个人合法权益保护等制度。这样一来学生的利益能够得到保障,企业也能更好地与学校进行合作,培养学生,为社会输送人才,为企业增添效益。并且,在合同期内,如果学生没有按照合同完成实习任务而导致企业利益受损,可以按照合同对学生和合作学校进行经济上的处罚。反之亦然。第二,在制定的政策法规中更需要明确政府的职权和管理内容。同时,不能仅仅依靠教育主管部门和教育法律法规,也要与其他部门以及其他相关法律法规相结合。

2.健全保障校企合作的财政制度

对于校企合作而言,大量的资金投入是最重要的,无论是它的教育实施、政策推动还是具体实施等诸多方面,雄厚的资金是强有力的保障。就现在的情况来看,一些高职高专等院校校企合作资金问题主要是依靠政府资金支持、院校自身筹集经费、校企合作单位或社会其他组织等的资助。在法律政策方面,我国至今为止没有关于国家财经类高校校企合作财政支持具体规定这一类的政策。与西方发达国家的校企合作企业方相对比,中国的校企合作企业方投入可以说是很少。比如说美国,国家要求各地区的资金来源主要有以下几个:首先是,百分之五十六的是本地区自身税收收入,百分之三十四的是国家按照在校生人数的资金拨放,最后百分之十来自于联邦政府。同样在高等教育比较完善的德国,它们的《职业教育促进法》中要求,国内所有的企业要向德国政府缴纳支持学校发展的中央教育基金。这一基金由国家制定统一的要求并且负责支配该基金。国家设"产业合作委员会"来督促校企合作,并且国家法律规定国内有学生来实习的企业可以减免一部分纳税。但是,如果企业违反了规定,也会受到罚款甚至有牢狱之灾。通过对一些发达国家发展的例子的分析,并且参考它们实施了的相对较为健全的法律法规来看,作者认为,根据我国实际情况,校企合作的资金应该由国家、企业、学校三方来承担。

(1)国家作为统筹者要建立校企合作资金制度。对于财经类高校的校企合作进行拨款。并且财经类本科高校的所属地方政府也要对该地区的校企合作单位进行财政资金支持。并且要对所拨放的资金具体支出途径、具体支出目的予以说明。同时,也要设立政府资金拨放的审查追踪制度,从而进一步保证资金到位情况,以防贪污腐败情况。另外,国税地税、银行财政等部门也要相互协助共同完善校企合作制度。就国家而言,可以建立符合企业发展规模的企业评估。具体内容可以有,企业能否与学校维持时间较长的、平稳的合作共赢方式,能否能较稳定地维持学生到企业实习的数量、能否保证学生去企业实习予以负责任的指导等。在对于实习生的薪酬支付、实习环境、实习成本以及对于校企合作的扶持程度等方面也要给予政策上的规定。政府可以根据企业实施政策的具体情况对企业进行评估,根据评估情况对企业进行资金支持以及税收补贴。通过这种方式可以激励企业与学校更有效地进行合作。

（2）国家可以通过对企业减免税收的方式刺激企业加大对校企合作的投入。没有经济利益的驱使单靠社会责任感效果微乎其微。当然也不排除会有企业按照政府政策执行，但是那样的企业占少数。所以，国家可以采取哪家企业校企合作做的质量高效果好就对哪家企业采取减免税收。并且对该企业进行教育资金拨款等。这样一来，对于企业而言无疑是一个大大的激励作用。这一措施有成功先例，澳大利亚的《培训与保障法》规定政府对校企合作教育的责任和对校企合作企业方具有选择权。主动参与校企合作的企业在众多竞争对手中可以凭借自己优势获得主动权。这样一来就可以激励企业不断与学校进行合作。

（3）除了依靠国家财政支持外，校企合作双方作为整个校企合作的主体也要加大资金投入。因为充足的资金是保证制度运行以及政策实施的重要保障。所以，资金对于校企合作的发展至关重要。作者认为，校企合作学校所在地方政府、学校、企业三者可以共同建立奖励制度。地方政府可以通过对所在地区内所有的校企合作的高校按照综合测评机制来进行评估。对于合作效果好的企业与学校进行资金奖励。并且对负责主管校企合作的政府工作人员进行物质奖励。对财经类高校内部负责与校外企业沟通合作的领导老师进行奖励，对企业内对学生进行培训教育的专业技术老师进行奖励，对到校企合作企业实习表现优良的学生进行奖励等。同时也可以抽出一定的资金，给学生、技术培训老师购买保险，以保障他们的安全。

3.建立有效的沟通协调制度

校企合作被切实纳入政府统筹之后,完善有效的协调沟通机制应及时建立。当前,在校企合作中,往往会出现因学校各部门业务立场不同,学校与相关部门的协调配合存在障碍的问题。虽然在高等教育中部门联席会议制度早已建立,但是由于没有形成有效的核心领导机制,对于促进校企合作所起的作用并不明显。为此,政府在完善校企建设行之有效的协调沟通机制时也要有借鉴、有创新。

校企合作不仅仅是依靠学校和企业两方面,而且也需要社会中各种部门各种力量的一起努力。因此,校企合作的企业和学校应该设立一个组织机构,在这个机构里,机构人员不仅仅包括学校和企业领导还应该包括政府各相关部门的领导。除了行政人员以外,给学生培训的技术型实习培训老师、基层工作人员、具有高级职称的教师等都可以吸纳进来。在该组织机构框架下,学校和企业可以对当地的经济发展、社会人才需求等情况展开调研。根据当地实际情况开展符合本地区发展的专业。这样一来,学校和企业双方的合作才能够更好地符合区域经济发展的需求。学校也可以更好地选择适合自己学校学生发展的企业,企业也可以更好地选择有利于培养企业实用型人才的学校。并且,该机构也可以在学校和企业达成合作后对其进行监督,并对校企合作发展过程中产生的矛盾冲突予以合理化的建议。该组织机构可以根据校企合作的种种经验教训进行总结,在政府机关会议中积极进行汇报,以便于促成政府推出更多行之有效的对策。

另外,行业协会的力量在校企合作中也不能忽视。行业协会在众多企业中具有很高的威望。它属于一种社会组织。对于推动校企合作的测评、认证等方面起着桥梁纽带作用。行业协会可以看作是学校、企业之间的"中间人",行业协会对学校而言,它可以监督企业对学校学生实习培训情况。对企业而言,可以传递学校人才培养需求。并且传达政府的相关政策和法规。所以政府不能忽视行业协会的作用。应该加强行业协会的地位,加大力度扶持社会责任感强的行业协会。并且行业协会自身也要完善自身的监督管理机制,真正发挥其监督学校、企业的作用,发挥其服务政府的作用。充分发挥行业协会的作用后,校企合作能够更顺利地展开。

4.不断完善综合评价机制

完善的综合评价机制是法律政策执行的有效保障。在财经类本科院校校企合作中,最重要的是能否通过学校与企业进行合作,促进企业经济收入增长,促进社会进步以及学校培养适应社会型人才,让企业和学校实现双赢。它不仅是学生找到工作,解决就业问题这么简单。所以说,对于学校而言,对已经毕业进入校企合作企业工作的学生要进行回访,将学生在企业工作期间的一些建议想法收集起来,有助于学校改进与企业合作的方式和途径。并且,财经类本科院校应该根据校企合作情况设立校企合作综合评价机制,通过让已就业学生填写评价机制的途径来进一步改进校企合作方式。

(二)建立财经类学校校企合作的运行机制

1.从内涵建设构建应用型人才培养的新途径

学校建设的目的是争取最好的教育水平,而教育水平则体现在人才素质上。作为校企合作教育的重要参与者,学生综合素质是衡量校企合作成果的唯一标准。也就是说,学生在校期间就应充分利用机会学习理论知识与实践技能,以期具备全面、优良的整体素质。同时,财经类高校想要与企业获得持久稳定的合作关系,首先必须重视校内人才培养,即人才不仅用得上,还要用得好。此外,学校必须培养学生的实际操作动手能力,并兼顾学生的思想意识教育,如良好的社会适应能力、健康的心理素质与正确的人生观和价值观。即"通识教育"与"专业教育"两手抓,既要求学生掌握时政国情,又为其提供多样、完善、灵活的岗位选择与实践模式。

实践教学和生活体验是学生重新认识社会的结点,通过生活体验使学生意识到创业艰辛与就业难处,以此更加勤奋地投入学校的教学安排。实践教学则是让学生以理论引导实践,学以致用,明确理论与实践的相辅相成与迥然不同。校企合作模式的社会实践与顶岗实习则可以实现培训与上岗一体化,通过这两方面的锻炼使学生更快融入社会,尊重他人并克己修身,同时了解企业及其岗位所需,培养和学习相关的工作能力。

在对此次调查对象学校的学生未来就业意向的问卷调查中,有43.55%的同学想从事技能型的工作,33.06%的同学想从事管理型的工作,22.58%的同学想从事综合型的工作,只有0.81%的学生表示还不确定,如图4-4所示。在对学生校内学习和校外实践过程中,最希望提升哪方面的能力的调查中,高达58.06%的学生想提升自己的操作能力,其余的基础知识、组织能力和交际能力分别占23.39%、13.71%、4.84%。如图4-5。从此结果可看出,大部分财经类高校的学生希望从事技能型的工作,且渴望提升自己的动手操作能力。总之,在应用型本科院校中,人才培养要准确处理好以下三个关系。

一是知识和能力。知识是能力的基础,而实践中则以能力为中心。能力包括独立发现问题、解决问题、专业技术、口头交流、书面表达以及自我学习和发展的能力。二是教育与就业的关系。学习是就业的先决条件和基础。只有注重学术的实践性和卓越性,才能具备良好的就业优势,如社会适应性和竞争力以及从事就业和创业的职业选择能力。三是做事和做人的关系。提高自己是做事的捷径,我们必须坚持做人的基础,比如与人和谐相处,能够自我控制和尊重他人。学生自我素质的提高,职业素质的提高和职业素质的提高,都将成为企业与学校合作的驱动力,积极参与校企合作建设和应用型人才的培养。

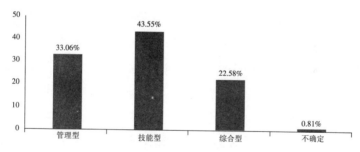

图4-4　未来就业方面选择统计图

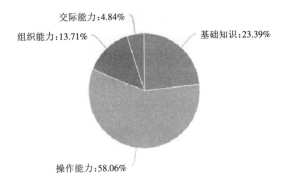

交际能力:4.84%

组织能力:13.71%

基础知识:23.39%

操作能力:58.06%

图4-5　学生有待提升的方面统计图

围绕企业需求开展校企合作,对校企合作教育的需求因企业而异。因自身资金、技术优势的国有企业领先于同行企业,基本上更倾向于与研究型高校合作,而不考虑校企合作。相比之下,民营企业和外资企业则对应用型人才需求较大,相对重视校企合作,以期拉动公司利益和未来发展。另外,公司规模也是影响校企合作的因素之一。与大型企业相比,中小型企业对校企合作模式更感兴趣。因此,财经类应用型大学应加强与民营企业、中小企业和外资企业的联系。积极建立校企合作渠道,了解公司的实践经验和技术资源,从而提高校企合作和服务的深度。

学校与企业的合作双赢才是最为完善的校企合作模式,也就是学校人才输出与企业岗位的完美对接。财经类高校如若对该原则视若无睹则会削弱企业合作的积极性与参与度,甚至降低校企合作模式的成效。因此,在企业建立相关实习培训机制时,学校应积极参与其中,提出行之有效的培训模式和其他帮助,如协助企业技术创新、解决问题、研发产品等,从而扩大合作范围与深度,提升企业行业竞争力。长期合作所带来的各方面收益会促使企业更为积极地参与到校企合作中，也间接扩大了校企合作模式的积极影响。

除了把学生送入企业实践外，学校还可以将企业内部相关优秀人才引入学校教育，如聘请行业专家或核心骨干担任学校教学顾问，也可以邀请企业高层或成功人士开展知识讲座。同时，企业实践也可以听取行业骨干、专家、企业管理人的意见，从而建立更加有助于学生实践的培训基地。同时也可以让企业认识到学校对企业高管人才建议以及对企业本身的重视，企业的相关建议可以对学校产生影响。在此基础上，减轻企业对校企合作的疑惑与压力，促使企业更加积极地参与其中。

2. 财经类高校要强化办学主体责任

财经类本科院校的两大主要立足点是地方性和应用性。其中，地方性要求财经类本科院校必须面向地方经济与社会发展的实际需要，通过培养符合地方需求的应用型人才，从而为促进地方经济与文化的发展做出自己应有的贡献。从国家财经类本科院校主要分布情况来看，财经类本科院校主要分布在地级市，一般每个地级城市都有。由于地域不同，文化传承的特点、经济建设的重点和城市发展的核心都会有所不同。这也将为实现服务于这一类高校的办学社会和办学特色创造有利条件。培养区域社会经济发展所需的人才是财经类本科院校的特点和核心竞争力。因此，在人才培养过程中，要考虑服务领域社会经济发展的方向。首先，要制定适应社会需要的专业教育培训模式。其次，要加强教学、科研和实践相结合。

要制定符合社会需要的职业教育培训模式,要不断根据区域产业调整升级和经济发展变化来完善专业结构、教学方法和考核机制,课程体系必须充分考虑人才培养的规格和目标,使人才在知识、能力和素质方面满足区域社会经济发展的要求,并构建科学合理的课程和教学内容;在形式上,要拓宽普通教育,巩固专业学科基础,完善专业教育课程,扩大选修课程,使学生有充分的选课自由权,培养学生树立关注社会发展、理论结合实际的学习意识和职业素质的竞争意识,做到"厚基础,宽口径,重创新,适应性"的培养目标,使人们体会到,毕业生的就业渠道得到了增加。财经类本科院校除了要满足城市经济发展的人才需求外,还要积极为城市重点发展支柱产业或特色产业服务,积极考察区域经济发展情况,建立基于区域经济特色和产业特色的特色专业结构体,让科学研究成果转化、技术服务和政策建议与当地经济密切相关。

加强教学、科研和实践相结合,重点突出实践性教学课程,让学生在实践中验证图书知识和理论教义,参加各种现实生活活动,亲身体验,积极探索,并运用专业见解分析课堂教学。从实际出发,研究解决实践中遇到的问题,实现质量和能力的实质性提高。为培养区域社会经济发展的合格应用型人才,必须建设具有地方特色的实践教学体系,积极寻求与地方政府和企业的合作,争取实施实践教学的合作平台,满足学生进行社会实践的需要。

3.建立校企合作专门管理机构

财经类本科院校必须建立一个与企业合作的教育管理部门,即校企合作中心,以使与企业合作能够达到规范、高效、健康的发展。校企合作中心应该按照本科高校二级管理机制，要有两级机构。学校方面，应将其挂靠在教务处，使中心培养人与学校的正常教学同一轨道和谐相处。院系方面，应设置一位副职担任院系一级中心主任，专用于处理校企合作事宜，在校企和学生的实践教学中搭桥。校园两级校企合作中心同时也应设置兼职的教师和专业工作人员，使拥有实践经验教学的高职称老师和企业专业工作人员能够合作，发挥最大的作用。学校相关的专业结构、课程体系和教学大纲，是校企合作中心要做的第一件事。其次，要定期、广泛地联系公司和行业，熟悉区域行业人才的发展需求，以便在安排校企合作教育计划时保持统筹规划。对外，校企中心代表学校推动企业与学校之间的合作教育项目，签署符合教学的合作协议；对内，校企合作中心为确保实习实践质量效率同时进行，制定和完善专业实习纲要、学生实习守则、实践成绩考核办法、专业实习管理条例等一系列规章制度，建立规范有效的运行机制。在管理部门和相关责任方面，要理顺部门之间的管理关系，落实各部门的管理职责。

有必要建立评估体系，评估学生的实习能力和实习效果，加强效率和质量控制，不时进行检查和评估，并按时、不断地总结校企合作教育项目的管理经验，提高管理能力。

另外，校企合作中心需要在合作过程中制定与学生相关的管理方法。例如在选拔学生实习单位的时候参考学生的专业方向，与学生协调处理好在实习过程中遇到的各种无法解决的实际操作问题，保证实训教学顺利进行。校企合作中心在实习期间，他们还参观了各合作企业，全面整理了企业为学生提出的建议,不断完善和协调学生、学校和企业之间的相互关系。

(三)引导企业积极融入校企合作

1.为企业技术攻关人员培训提供便利

为了人才培养的质量保证和教学任务的正常开展,学校需建立训练场所、购置实验设备。高校的职能不仅在于培养人才,还在于服务社会。高效拥有雄厚的师资力量、先进的科研设备、大量的专业人才以及规模宏大、投资无数的实验实训,如果不对这些得天独厚的优势多加利用,就会造成资源的严重浪费。因此,学校在校、企合作的过程中,可以充分利用自身的优势,深化合作的内容,提高资源的利用率。首先,利用学校的师资和设备优势,为企业提供对外服务。如为企业提供研发新产品、加工零部件以及培训新员工等服务;其次,与企业合作开展技能大赛,或提供企业技术运动会所需的场地和专家指导,以激发企业员工和高校师生的创作热情与创新能力,从而推动新技术的研发与革新;最后,校、企双方联合建立实训中心。企业处于市场一线,因而对设备的更新有丰富的经验,对设备的维护也更加专业。并且投资实训场所和设备所需的成本较高,校、企双方携手共建,不仅有利于学校的教学工作和人才培养,也能满足企业降低成本、提高效率的需求。

2.提高办学层次,增强对企业的吸引力

教学质量与学生素质相辅相成、互为影响。教学质量又与办学层次密不可分。在寻求校、企合作的过程中,在行业内具

有一定影响力的大型企业往往更能受到校方的青睐。由于学校和企业是一种双向选择关系,企业也有选择学校的自主性,能够为自己带来技术指导、帮助自己实现技术突破的高水平院校是企业的首选对象。在访谈中发现,机电学院在寻求心仪的合作企业时,将目光锁定在一些大型国企上,并想要与之签订校企合作协议,如江铃集团。然而企业方只是承诺可以安排学生实习,却始终不愿签订协议。分析其中缘由,最主要的原因是校方能力有限,培养出的学生被安排在企业只能做一些技术含量较低的辅助工作,碰到技术问题便束手无策。事实证明,学校只有不断提高办学层次和教学质量,才能培养出更加优秀的高素质人才。只有提高自身的竞争力才能获得与大型优质企业建立真正意义上的合作关系的资质以及更大的选择权,这需要学校一步一个脚印向着高层次办这一目标前进,不可急功近利,一蹴而就。

第四节 完善Co-op合作培养模式

Cooperative Education(以下简称为Co-op),又名带薪实习,起源于1906年美国辛辛那提大学的实践教学项目。带薪实习是继暑假大学生教学见习、顶岗实习、教学实习之后又一全新的实习方式。带薪实习既增长了大学生的业界见识、视野,又能让大学生获得一定的报酬,为大学生未来职业规划和发展奠定基础。

一、Co-op带薪实习

(一)Co-op带薪实习概述

Co-op项目是Co-operative Education(校企合作教育)的重要部分,即基于学校、用人单位与学生三方之间的"校企合作"。高校学生利用假期或短学期的时间到企业带薪实习,实习内容与专业相关,实习的工作薪金不能少于最低的工资标准。

Co-op教育的核心是专业知识与业界实践结合。学生自己投入到企业的真实工作环境,通过岗前培训、上岗工作,成为企业需要的人才。同时,Co-op促使学生把专业知识应用到实践中,把企业实践中的信息反馈到课堂上。Co-op项目通过学校专业学习和企业实习工作的结合,促进学生综合素质的全面发展,为学生职业生涯奠定基础,因此Co-op教育价值越来越受到企业和教育机构的青睐[1]。

(二)Co-op发展概况

1.北美Co-op概念发展概况

1946年,美国职业协会发表的《Co-op教育宣言》指出,Co-op教育是一种将理论学习与真实的工作经历结合起来,使课堂教学更加有效的教育模式,尤其是针对工科高等教育。2001年,世界Co-op教育协会指出,Co-op教育将学生的课堂学习与工作结合起来,学生将理论知识应用于与之相关的、为真实雇主效力且通常能获取一定报酬的工作实际中,然后将

---

①杨刚,杨虹. 加拿大滑铁卢大学Co-op项目对我国高校实践教学的启示[J]. 当代教育理论与实践,2014,6(09):149-151.

工作中遇到的挑战和见识带回课堂，更能帮助他们在学习中进一步分析与思考。

2.我国的 Co-op 发展概况

从1989年中国、加拿大 Co-op 高等教育国际交流开始，我国的 Co-op 教育已经经历了几十年的发展。1991年4月，中国产学 Co-op 教育协会在上海成立。1995年12月，"中国产学 Co-op 教育协会"更名为"中国产学研 Co-op 教育协会"。1997年10月31日，教育部批准立项全国首批22所高校参与产学研 Co-op 教育研究试点。"十五"期间，教育部把产学研 Co-op 教育的研究纳入"面向21世纪中国教育教学改革研究"计划，拨出专项研究经费，资助北京大学、清华大学、复旦大学等一批知名高校开展 Co-op 教育研究。2013年，重庆大学首家引进 Co-op 项目，以机械工程和电气工程两个专业为试点，注重培养学生的工程实践能力和创新能力，并设立 Co-op 办公室运行管理服务机制。教育部"卓越工程师教育培养计划"（以下简称"卓越计划"）取用 Co-op 模式加以改进，目前以卓越计划为代表的校企合作人才培养模式已经在我国财经类高校中盛行，培养出了一批具有高素质的工程人才。

二、Co-op 教育模式

（一）Co-op 教育

Co-op 教育的概念最早是由美国辛辛那提大学的赫尔曼·施奈德提出，其本质是一种系统深入的工学结合教学模式，对工学教育尤为意义重大。它通过校企合作的方式给学生提供实践与理论相结合的动手机会，使理论教育与生产实践相互融合、相互支撑,目的是解决高等教育人才素养与社会需求脱节的现状。

Co-op教育致力于让学生把课堂上学到的知识应用到实践中,同时也将生产实践中的信息反馈到课堂上,注重培养学生的专业素养和协作能力,在提高高等教育人才培养质量与增强竞争力的同时,提升高等教育机构以及企业的社会声誉。这种模式促进了知识流通与成果转化,是一种创新的人才培养模式和理念。

(二)教育方式

Co-op教育模式提倡理论学习与实践工作互相促进,强调以学生为中心,使学生可以在校内开展的理论课程学习和在商务、生产制造、政府机构、社会服务等相关领域进行的实践工作交替进行。

1.Co-op教育模式的学制

国外大学开设Co-op项目专业的学制比普通专业学制要长,通常为5年,每年有三个学期,每个学期长达四个月。常规的做法是:每学年两学期在学校上课,称为学习学期,第三学期在企业实习,称为工作学期。依据专业不同,其工作和学习学期的流程各有不同,学生可以选择在第一学年的冬季学期或春季学期开始工作,完成所有学期后方可毕业。

2.课程设置

配合Co-op项目的灵活性,实施Co-op项目的专业课程设置得均较有弹性,综合考虑基础知识、科学研究、国际交流和创新实践等教育阶段开设课程,学习和工作学期的交替开展使学生能够根据自身需求及实践所得选择合适的科目,进行按需开展的学习安排,促进学生对学科整体的清晰认识,推动课堂教学进步。

3.导师制

Co-op项目过程采用导师制,不同角色的导师可以给学生不同的指导建议。协调咨询导师能在对学生工作进行指导的同时与业界保持互通;职业生涯导师更多地关注学生的动态并及时提供过程咨询与建议;工作导师则在指导工作实践、评估学生工作方面给予了帮助。经验丰富的各类导师能够及时对学生进行指导,帮助学生在学习、工作中及时找准位置、积累经验、提升自我。

4.制度保障

Co-op人才培养模式的成功与制度方面的保障是密不可分的。以加拿大为例,政府通过立法(如《成人职业培训法案》)、税收减免(安大略省的退税制度规定,用人单位接收Co-op实践的学生,可以减免相关的税费,享受相应的退税待遇)、政府经费支持(政府每年都会投入大量的经费用于本地的教育事业)等方式,保证Co-op的顺利实施。在学校里,包括Co-op名校滑铁卢大学在内,大学普遍设有合作教育部门,可以根据学院和专业的需要与企业对接,为学生提供企业人才需求信息,另外,学校实施的全程考核制度,确保了Co-op教育实习的高效。

(三)Co-op教育模式的优势

Co-op教育模式经过百余年来的发展已经较为成熟,学生、高校和用人单位均受益于此种教育模式。对学生而言，Co-op教育在激发求知欲、促进创新思维方面使其受益良多，同时在进行实习的过程中，可以获得一定的收入以及可贵的职场资源，提升就业竞争力。在Co-op期间学生参与的是和所学专业相关的全职工作，要求和正式员工一同完成分配的工作任务，相比普通的假期实习，时间久、工作内容含金量高，学生能在实习公司得到毕业后的工作机会，就算去其他企业应聘，就业竞争力也胜过一般的应届毕业生。

对企业而言，参与Co-op项目可以建立企业的后备人才库，有助于人才录用的高效实施。另外，企业接受Co-op学生还可获得政府的财政支持以及良好的社会声誉。校企合作的进一步拓展，更有助于促进企业的技术攻关及革新。对财经类高校而言，Co-op项目不仅能培养出与社会需求接轨的高素质学生，更能吸引更多优质生源，提高办学效益与社会声望。

三、Co-op合作培养模式的完善

（一）财经专业Co-op模式的作用

财经专业的教学目的是让学生具备基础的财经相关理论知识，获得相应的能力和素质，符合社会的需求。因此，财经专业的课程设计应当以满足财经行业的需求为宗旨，以就业为导向，以职业能力为目标，构建相应的课程体系。

Co-op模式需要学校与企业建立一定的合作关系，对接学校教育和社会需求，培养社会所需要的人才。Co-op模式是校外实习基地的延伸，是根据企业的需求进行的订单式培养，企业将需求的人才呈报给学校，参与学校制定人员培养方案，设

置相应的实习课程,在师资力量、教学资源等方面合作,培养出符合企业需求的人才,并帮助学生成功就业。Co-op模式是校企合作的形式之一,有效弥补了财经类高校重理论、轻技能的不足,引导教学内容紧跟企业需求,提高人才培养的适用型和有效性,进一步推进广告设计专业的教学改革,加强学生的技能培养,突破理论教学的弊端,提升综合能力以胜任企业需求,促进产教学合作的发展。Co-op模式是从人才需求出发,将市场需求和学校培养相结合,不断调整人才培养模式和教学内容,适应时代需求,形成良性循环,促进我国高职教育发展。

1.改革课程设置

传统的广告设计专业课程设计学科之间独立性强,缺乏有效的衔接,学生在各科学习中仅能够掌握本学科的内容,无法与其他学科融会贯通,导致学生知识零散,没有形成知识体系。Co-op模式以学生就业为出发点,以学生就业所需的知识和技能为教学目标,通过实际的工作需求,培养学生的综合知识运用,提升动手能力,促进合作意识的形成等,从知识、能力、情感和态度等多方面培养学生的综合素质,满足社会对广告设计人才的需求。

2.培养学生的实践能力

Co-op模式以培养学生的实践能力为重点,培养学生的基本能力和综合能力。学生在实习中接受的基础技能训练是未来工作的基础。Co-op模式为学生呈现了真实的企业运转环境,令学生可以学习到生产实践问题的解决办法,培养学生爱岗敬业的职业精神。Co-op模式能够让学生在校阶段提前接触到实际工作,让学生尽早地进行职业规划,学习相应的工作技能,提前了解社会工作,为步入社会做好准备。

3.培养双师型教师

双师型教师是财经类高校教师建设的重要力量。财经类高校教师通常具有深厚的理论基础知识,缺少实际的生产和管理经验,Co-op模式可以让教师参与到一线生产当中,提高实践能力,以更好地教育学生。Co-op模式能够让财经类高校的教师掌握理论知识和实践经验,并不断整合理论与实践,促进财经类高校双师型教师队伍的建设。

4.加深校企合作

随着高等教育改革的推进,学校与企业之间形成了紧密的合作关系,为学生提供了深入了解企业运作的机会。Co-op模式由学校将学生送至企业,参与企业的实际生产,深入到企业各部门当中。学生可以尽早地接触实际项目,学校能够紧跟企业的需求,随时调整基础课程设置,同时带动学校实训基地、实践教学平台的建设,为学生提供更多的实践机会,加强企业与学校的联系,培养学生的综合素质,促进学生就业。

(二)财经专业Co-op的实习框架

Co-op实习体系的整体架构分为评价体系、知识体系和服务体系三部分,实习主要分为认知实习、顶岗实习到"双导向"毕业实习,旨在培养大学生的专业能力、实践能力和就业能力,并建立相应的专家库、人才库和实习库。

1.Co-op的培训体系

可以利用6月底至9月初将近三个月的假期,将Co-op嵌入学生的教学计划中,并要求有实习学分。学生参加有关Co-op计划的培训、听讲座、了解Co-op流程、与Co-op负责人见面、学习填写个人简历、申请Co-op工作单位、做好面试前的应试准备等。

2.Co-op的评价体系

Co-op的评价体系包括Co-op的知识体系和质量管理体系。知识体系介绍了Co-op的目的、性质、操作以及有关政策,这些都有明确而具体的说明,或者规定了关于Co-op的基本要点,手册列举了近20个问题,以问答的形式给予解释。Co-op的质量管理体系记录包括整个实习过程的记录、实习结束的总结、实习质量评价等。

3.Co-op的服务体系

Co-op的服务体系包括Co-op的组织架构,如学院或系室由专人负责企业的招聘、职位公布、选定、实习的前期联系和后期反馈。Co-op顺利实施与学校、企业各部门的工作密不可分,特别是初具规模后,将在学校层面需要一定的服务支持(如校企对接、场地提供、政策扶植等)。

(三)财经专业Co-op的实施流程

1.Co-op准备阶段(Pre Co-op)

在这一阶段,学校成立了专门的生涯规划指导部门,启动一系列支持职业发展的相关培训主题,如求职简历、求职策略、实习单位的生存技能、学术—职业关联、自我评估、职业基本行为规范认知。指导教师为学生提供与工作相关的职业讲座、企业与学生互动工作室、带薪实习招聘会等,帮助学生学会面试,提升应试技巧。

2.Co-op实施阶段(Co-op)

在这一阶段,企业为带薪实习学生在工作学期内提供一个全职工作岗位,提供合理的培训和支持,完成相应的专业教育课程计划。企业帮助学生建立工作长期或短期目标,提供与实习学生所修专业相关的岗位任务,安排学生实习。企业向学校定期反馈实习学生的工作表现和成长,为实习学生在工作学期内与校方合作教育指导教师之间的沟通提供便利条件。

3.Co-op反思阶段(Post Co-op)

这一阶段主要为成果展现,要求学生在带薪实习结束后,提交工作学期报告、延伸项目的学期报告和职业规划报告。工作学期报告阐明实习内容、实习时间、企业评价、实习感悟等内容。延伸项目的学期报告为阶段性汇报,贯穿实习的全过程,分几个Co-op项目实施。职业规划报告一般是学生在毕业前完成,通过Co-op实施后确定自身的职业规划。

(四)完善Co-op培养模式的建议

Co-op课程是学生认识企业和了解社会的第一步,是学生将课堂所学的理论知识与实践活动相结合的重要机会,学生通过Co-op课程能够将理论知识转化为实践能力,快速适应企业要求,从一个学生转变为一个职场人。目前我国财经类高校财经专业的Co-op模式在探索中,可以从以下几个方面入手,解决实习中存在的问题,发挥课程的作用,促进学生的就业。

1. 分组管理,一对一指导

Co-op 课程通常安排在最后一学年第五学期,经过两年四个学期的学习,学生已经完成基础专业课程的学习,掌握了一定的专业基础,进入企业后能够快速上手。在企业实习中,可以采取分组教学法,由专业指导老师对学生进行统一管理和指导,向学生介绍企业的基本情况后,将学生分配到企业不同的部门,由企业各部门负责人管理,并由企业指导教师对学生进行一对一教学指导。一对一教学指导能够及时发现学生在实习过程中存在的问题,进行针对性的指导,可以提高实习效率,同时也能够增进学生与企业指导教师的感情,提高学生的学习积极性。同时,学生实习实行定期轮换,所有的学生都能够在不同的部门实习,学生可以全面了解企业的运作流程,有针对性地学习,充分使用教学资源。企业指导教师在指导学生时,可以将实际案例作为教学案例,让学生接触到实际的广告设计项目,了解真实的客户需求和企业各部门分工情况,更加直观地感受企业的生产运营。

2. 学生撰写实习日记与报告

Co-op 课程要求学生撰写实习日记与报告。实习日记是将每日工作情况和心得体会记录下来,是对当天实习工作的回顾与总结,能够及时发现问题并改进,有助于学生的提高。实习日记可以作为实习报告的积累,学生可以将在实习过程中运用到的知识理论、遇到的问题和解决方法写在实习报告中,对实习全过程进行总结与分析,撰写心得体会。教师可以将实习日记与实习报告当作实习结束后的考评,从多方面考核学生的知识运用和能力培养。

3.校企指导教师共同考核学生

学生完成Co-op课程后,将由学校指导老师和企业指导教师共同考核考生,批阅实习报告和总结,考核实习表现与实习成果,从实习过程和结果多方面综合评价学生,并提出意见和建议,让学生能够在今后的工作中学以致用,快速成长,适应社会生活。Co-op课程的评价标准,不同于传统的课堂教学,应当结合教学需要和市场需求,从学生参与实习的过程和结果共同进行评价,而不是以结果作为唯一的评价依据。在实习过程中,企业指导教师可以从行业标准、设计和实施标准等方面对学生实习成果进行专业性的评价,并对学生实习过程中的态度、积极性、团队协作进行评价,学校指导教师从学生知识运用、动手能力、综合素质等方面对学生进行综合考核,让学生了解到自己的不足与劣势,结束课程后,能够有针对性地提高。

4.校企共同制定相关教材

对于Co-op课程教材,应当由学校与企业共同编写教材,适应实习课程需求,有效指导课程开展。在教材设置过程中,由学校专业课教师、行业专家、企业指导教师共同组成教材编写小组,结合企业实际案例,融入最新的知识和理论,并建立案例库,收集视频、作品集等丰富教材内容,并且设置启发性问题,让学生能够带着问题参与到实习当中,并在实习结束后,真正有所收获。学校也应当开展教学资源库建设,充分利用现代信息网络技术,将Co-op课程中的各种讲义、实习指导、实际案例、学生作品等制作成相应的教学资源库,丰富低年级学生的教学内容,开拓眼界,获得更好的教学效果。

第五章 财经类高校学生就业分析

第一节 财经类高校学生就业形势分析

近年来,随着我国社会主义市场经济的发展和高等教育改革的不断深入,财经类高校的财经类专业(经济类与经济管理类的专业)毕业生同其他专业一样,既迎来了难得的发展机遇,也遇到了严峻的挑战。其中最大的挑战之一就是毕业生就业问题。如何认真并准确把握当前财经类毕业生就业所面临的新形势和新问题,及时改革人才培养模式并提出相应对策,是目前财经类高校人才培养和发展的重要课题。

一、财经类毕业生就业存在的挑战及其分析

(一)我国就业弹性系数不断下降

1.技术的进步与经济增长方式的转变

长期以来我国实现的是典型的粗放型的经济增长,主要借助于生产要素投入的增加,对劳动力的需求量很大,名义就业率很高,其就业弹性就比较大。而改革开放以后,我国大量引进先进技术和设备,工业现代化进程加速,其就业弹性在技术进步作用下急剧下降,尤其是上世纪90年代以后,随着经济增长方式的转变,技术进步使得资本有机构成不断提高,对名义

劳动投入的需求量则大幅度下降,产生了经济增长中的挤出效应,就业弹性变小,就业压力增大。

2.就业体制的变化

随着我国改革的不断推进,劳动就业制度也发生了相应的变化。计划经济中的就业政策是安置型就业,名义就业率很高,而实际有效劳动需求很低,名义就业率与实际有效就业率之间的差异很大,单位劳动力的边际产出率很小,甚至经常存在劳动力的边际产品价值低于劳动力的价格,经济效益很差,从表面上看,表现为就业弹性很高。随着我国计划经济向市场经济的转化,就业转变为市场效率型。企业在利润最大化的约束下,以劳动力的边际产品价值等于劳动力价格工资成本为原则来决定劳动力的使用量,使得经济增长中对有效劳动需求量增加的同时,名义劳动力投入则迅速下降,导致就业弹性迅速降低。一个突出的表现就是经济结构调整和国有企业改革导致大量人员下岗。我国1997年以来,每年下岗职工都保持在900万人左右的规模,而这种长期计划经济体制矛盾在短期内大规模、集中性排放,对我国经济增长的就业弹性产生了明显的副作用[①]。

3.我国目前不合理的产业结构,严重地影响了我国的就业弹性

从第一产业来看,有大量的劳动力有待转移。就第二产业来看,它面临着优化、升级问题,而且它本身对有效劳动的需求量一直是呈下降趋势的。而本应作为就业主渠道加以大力

---

①张春勋,李录青.地方财经院校经济学专业教学内容及课程考核改革与实践[M].重庆:西南师范大学出版社,2013.

发展的第三产业却发展滞后,所占比例不高。

4.教育结构失衡所产生的滞后效应

在经济增长中,技术因素对就业增长的影响是双重的,一方面在技术的冲击下会产生挤出效应,造成同量资本对劳动力的需求相对减少;另一方面又会因产出增加,人均收入水平提高,导致社会消费结构的改变和产业结构的演进,产生就业增长效应。这种双重作用并不必然导致就业弹性下降。但有一个不可忽视的因素,就是就业增长能否随经济增长同步变化,这取决于原有从业人员的人力资本含量、知识技能结构的更新能力等,亦即取决于教育结构是否得当。我国目前的教育结构严重失衡,应用型、技术型人才培养滞后,不能适应产业结构变化的要求,使劳动力的转移产生了滞后效应,降低了就业弹性。

(二)从毕业生主观因素分析

一是择业期望值较高。我国高等教育已经实现了从精英教育向大众教育的转变,人才需求重点下移。但很多毕业生的择业观念还没有从根本上转变过来,就业期望值过高,仍然幻想像以前一样进国家机关或财政金融系统,不愿到民营单位、西部和基层企业去工作,更不要说自主创业了。二是很多大学生依然怀有"一次就业定终身"的思想。受传统就业观的影响,把初次就业看得过重,他们认为选择一个单位就预示着自己"嫁"给了这个单位,对"选择与被选择"准备不足,在这种心态驱使下,在就业中挑三拣四,出现很多"有业不就"的现象。先就业、后择业、再创业的观念还没有完全树立起来。三是毕业生就业能力不高。当前,用人单位普遍对毕业生提出更高要求,不仅重视毕业生的思想道德修养,而且更重视他们的业务素质和实际能力。从最近一段时间的就业情况看,毕业生就业出现两极分化现象,在校期间学习、实践能力、语言表达等各方面综合素质较为优秀的学生,在择业过程中选择的机会较多,就业比较容易。但也有部分毕业生因为知识结构不合理,口头表达能力和实际动手能力较差等因素,不能被用人单位选用。

(三)从财经类院校的专业设置和就业教育分析

首先,长期以来在计划经济的影响下,很多财经类院校的办学理念、专业设置和人才培养模式等与市场经济的需求脱节,直接导致毕业生就业难。目前,很多财经类专业仍然只重视或者只能做到知识的传授,轻视或者很难做到对学生就业技能及应用能力的培养,这些直接导致很多毕业生动手能力和适应社会需求能力都不强。其次,近几年出现社会所需专业集中,像会计、金融、市场营销、国际贸易等,其他专业尤其是长线专业和近年新开设的某些专业较难落实。这种对毕业生专业结构和层次结构需求不断变化的情况,为高等教育提出了新课题。学校要加强对专业设置及相关各方面问题的研究,适时进行调整,以适应市场经济不断变化的需求。再次,学校虽然都成立了毕业生就业指导中心,对毕业生就业进行指导,但是,目前的就业指导工作中的服务工作远远多于指导工作,没有发挥对毕业生在就业过程中的指导作用。

二、财经类毕业生就业具有的优势及其分析

(一)社会对财经类毕业生有很大的潜在需求

随着中国经济的持续发展,社会对财经类各专业人才的需求一直都处于一种上升的趋势。即使是大学生人数激增,毕业生就业困难的今天,财经类专业的就业形势也明显要比其他专业好,未来财经类行业中仍有较多热门行业,财经类毕业生与其他专业毕业生相比仍有较大优势。

(二)财经类毕业生就业的空间会越来越大

由于财经类专业课程设置较广,因此毕业生的就业去向也更为多样,如经济预测与分析类职位、市场营销类职位、管理类职位等。国民经济中的各行各业,无论是大型国有企业还是民营企业,都有不同程度的财经类专业毕业生的需求。并且随着我国进入"后WTO时代",金融市场进一步开放,在国内金融业快速发展和国外金融机构大量进入的背景下,金融财经业将出现更多的就业机会。

(三)高度重视毕业生就业工作

人人都做毕业生就业工作的观念正在各高校形成。通过学校各级组织、各个部门、全体教职工的共同努力,加上毕业生择业心理的日趋成熟,择业期望值与社会需求的趋同,毕业生就业工作一定会取得更好的成绩。

第二节 财经类高校学生就业影响因素分析

影响财经类专业毕业生就业的因素是多层次多方面的。有宏观层面的因素,诸如经济环境、国家政策、市场供求等,也有中观以及微观层面的高校因素和个人因素,诸如高校的实力和名望、学生自身的素质与能力等;有不容易扭转的客观因素,诸如劳动力供求关系、社会环境、市场变化,也有在短期内可扭转的主观因素,诸如高校的就业政策、学生的就业期望等。本节主要根据作者收集、调查和分析所得出的相关数据,从经济发展因素、高校自身的维度如学校招生规模扩张、学科专业设置结构、就业指导服务等,毕业生个人因素如毕业生择业期望值、生源特征、个人综合素质,和用人单位的因素等几个方面展开,对影响财经类专业毕业生就业的因素进行系统分析[①]。

一、社会经济发展的因素

经济对大学生就业的影响主要体现在两个方面:一方面,由于经济是高等教育赖以建立和发展的物质基础,因此,它通过对高等教育发展的数量、质量、速度和规模的制约作用影响大学生就业队伍的数量增长速度与人才质量;另一方面,经济发展必将导致社会劳动力需求的数量、层次、结构以及社会职业类型的变化,这些变化直接影响着一个国家、地区在一定时

---

① 翟晓瑜. 新形势下地方财经类高校人才培养模式研究[J]. 安阳工学院学报,2018(1):121-123.

期的大学生就业整体状况。改革开放以来随着有中国特色的社会主义市场经济的建立以及全面建设小康社会,我们国家发生了翻天覆地的变化,高等教育体制改革也逐步得到完善。特别是从1999年开始,全国普通高等学校正式向社会大扩招,经过几年的发展,我国的高等教育从"精英教育时代"进入"大众化教育时代"。全国的高校毕业生人数逐年以20%的速度大幅增长,这符合高等教育发展趋势和经济发展规律。

经济体制改革的进展程度、国家经济结构与市场供求变化的格局,直接要求高等财经教育和高等财经院校调整自身的学科专业布局及人才就业去向。改革开放以来,我国经济体制和运行机制的变革,从初期实施计划经济与市场调节相结合,到有计划的商品经济,再到社会主义市场经济;从开放初期试办经济特区及小规模利用外资,到大规模发展外向型经济及推动中国加入WTO,历经了一个渐进式的改革开放过程。在这一社会经济变革的每个重要阶段,高等财经教育人才培养的目标、教学和科研内容、教育教学方式以及学生的就业方向和学校为社会服务的途径及规格等,都经历了多次与时俱进的调整与变革。

经济状况向来是就业水平的晴雨表,金融危机在影响我国经济发展的同时,也对人们的就业特别是大学生的就业带来了影响。随着金融危机的持续,其对经济的影响也日益加重,企业经济效益下滑,缩减用人数量,甚至波及到校园招聘整体不景气。金融危机对大学生就业的影响是众所周知的,国际金融危机的蔓延首当其冲引起了金融行业的动荡,因此一直被认为是热门专业的财经类专业的就业受金融危机影响显著。

在经济全球化加快发展的今天,经济又直接推动高等财经院校的教学科研加快其国际化的发展趋向。转型期构建和完善社会主义市场经济体制的复杂性及创新性,直接要求财经教育更加注重依据国内外社会经济条件的变化,适时变革和调整教育目标和教学内容;要求财经教育培养的人才具有更加宽厚的社会知识背景、人文素养和创新精神;要求财经管理学科更加注重应用、注重实践、注重规范、注重国际交流;要求经济管理学科与其他学科相互交融与协调发展。

二、财经类高校自身的因素

高校教育是大学生能力培养的最主要环节,大学生就业能力的培养与高校的培养模式直接相关。按照大众化教育的要求,应用型人才的培养应占高校教育的主要部分。但当前多数财经类高校存在以下一些问题:办学定位模糊,盲目开设所谓的"热门专业",不考虑就业市场的供求是否矛盾;只重视科研,专业课程设置也过度追求学术性和理论性,忽视了对学生本身实践能力和应用能力的培养;当前高校培养模式与社会需求不匹配是导致大学生就业问题的直接因素;就业指导不完善等。以下举例进行分析说明。

(一)财经类专业的培养模式与社会需求不匹配

随着经济体制改革的不断深化,经济实体内部结构和功能发生了根本性变化,留有计划经济深刻痕迹的财经专业设置、课程体系、教学内容、教学组织形式等构成人才培养模式的要素已明显滞后市场经济的发展。近年来,我国财经类专业教育发展虽然较快,但在人才培养目标、课程设置以及教学内容、方法等关键方面沿袭了多年不变的传统,缺乏个性、缺乏层次,更缺乏学校特色,与不断变化的人才市场需求不协调,与社会发展对财经类人才培养的具体要求错位,出现了"供不适求"的现象。

1.基础理论薄弱,实践能力不强,后续发展乏力

长期以来,财经类专业的课程体系设置明显表现出重专业课程、轻基础课程,重理论课程、轻实践教学,重定性课程、轻定量课程,重视专业教育、不注重素质教育的倾向。财经类高校只注重对学生某一学科门类专业知识的教育,重视学生对专业知识的掌握程度,而忽视对学生能力的培养及其德、智、体、美综合素质的全面提高。这种工具主义的人才培养观造成学生基础薄弱、知识面窄、能力不强、后劲不足、适应性差,不能满足社会发展的需要。

2.课程体系科学性欠佳

"专业对口,部门所有"的特征非常明显,专业培养目标、课程体系结构和内容体现的计划经济色彩浓厚。传统的财经教育课程体系以学科本位设计为主,进行刚性设置,将课程分为基础课、技术基础课和专业课三类,运用"倒推式"逻辑设置课程。这种课程设置结构模式是按某一特定的专业设置课程,对专业知识的纵向关系考虑较多,而对各类课程构成的横向关系考虑较少,使学生的基础知识和专业知识仅仅指向一门职业财经类。这样培养出来的专业人才专业口径窄、适应性差的弊端就逐渐凸现出来,就业压力增大,不利于大学生综合素质和能力的形成和提高,其结果是培养的学生专业面过

窄、适应性不强。

3.知识体系不够完善,课程衔接不够,实践教学难以落实

课程设置和教学内容中重视西方理论而对中国经济、管理理论研究和讲授不够的问题、对引进的西方理论消化不良和联系我国实际不足的问题,甚至在某种程度上出现了以照搬西方理论中某些个别结论、个别模式、个别流派语句为荣的不正之风。教师一味强调所教课程内容的系统性,导致课程之间内容重复较多。教学内容陈旧,广度不够,学生知识面窄,且所学知识价值不大。基础理论课教学的削弱,导致学生的知识结构根基过浅。在实践教学方面各专业的实践目标并不明确、具体,实践教学也没有形成系统的教学目标体系,学生实践技能和动手能力得不到有效提升,教师本身缺乏财经实践经验与能力。高等财经教育横跨经济和教育这两大系统,教育的实践性和经济的实践性决定了对经济活动认知是高等财经教育的灵魂。在我国高校从事财经教育的教师一般都没有太多参与一定的企业实践和社会实践,有丰富实践经验的财经人才到高校任教的教师也不多。

(二)财经类专业大学生就业指导体系不够完善

目前高校的毕业生就业指导队伍普遍存在着领导重视不够、队伍不健全、结构不合理以及素质与能力低下等情况,与大学生就业指导的市场需求极不相称,这些问题还待解决。针对财经类专业的就业指导主要存在以下问题。

1.就业指导内容较狭窄、系统化程度不够

目前对财经类专业大学生开设的就业指导课程中都只是

一些简单的就业形势分析、求职技巧指导、就业法律法规等内容,对于就业信息只是停留在发布招聘信息、组织招聘会等方面,这对于提高大学生就业能力不能起到实质性的作用。而在对其职业生涯的规划教育、就业观念和价值取向的引导判断和选择能力的培养以及职业道德教育等方面着力较少;就业指导的方法和手段缺乏有效性和针对性。

忽视个体差异,实行"一刀切"式指导。从大学生就业指导的形式上看,无论是单纯地进行讲授课程,还是一些针对性的就业指导讲座,其内容都是所有大学毕业生共同关心的话题和求职择业中出现的常见问题,指导的对象是所有应届毕业生,基本上是采用大课堂讲授的形式对毕业生进行整体指导,没有考虑到财经类专业的差异性。实际上,学生对就业指导的需要会因专业、年级及个体的不同,呈现出较大的个体差异,而目前的就业指导既缺乏对这种差异性的了解和研究,更谈不上一对一的个性化指导。这不仅达不到进行就业指导的目的,而且还会有一些毕业生因为得不到必要的指导和帮助不能顺利就业,比如大学生中的弱势群体或者因在求职中压力过大而出现心理困惑的毕业生。

2.不科学的指导模式——封闭粗放型的就业指导模式

一是就业指导集中于毕业前,缺少全程指导。大学的就业指导就是为了应对用人单位的招聘,满足毕业生求职择业的实用需要,几乎都是针对毕业年级开设的,缺少从大学新生开始并贯穿整个大学培养过程的全程化的就业指导。二是重视眼前的利益,忽视对学生的生涯规划。面对当前出现的一定程度的大学生就业难,帮助毕业生尽快找到就业单位、保证当年毕业生就业率成了就业指导的出发点和就业工作人员的工作任务。三是忽略创业指导。一提到对大学生创业能力的培养，大家都认可它的重要性，但现实中却缺少相应的教育培养机制和方法。

三、用人单位的因素

近几年来，用人单位在就业市场上整体处于一种优势地位，其用人观念、用人机制和需求数量对大学生的就业影响越来越大，也存在很多问题。

我国大部分企业的管理理念滞后，制约就业岗位的有效增加，一个企业要想发展，要依靠很多方面的因素，除了保证一定的硬件之外，关键在于一个企业发展的软实力——人力资源的管理。而现在大部分企业都奉行传统劳动人事管理，视员工为组织的成本，不注重员工能力的开发和能动性的发挥的管理理念已经严重地制约着企业的发展，使得企业很难长久地存活并快速地壮大，这制约就业总量的有效增加。

用人单位存在就业歧视的现象。由于现在高校人才供给超过需求量，用人单位开始不断提高要求：一是过分注重工作经验。很多单位在招聘启事中经常会有这样的要求，"大学本科文凭或研究生学历，有工作经验者优先""至少两年以上工作经验"等，往往是财经类专业的大学生刚走出校门达不到这些要求而被拒之门外，挫伤了大学生的求职心理，影响了大学生的自信。二是人才高消费。有些工作本科生可以胜任却要求硕士及以上学历；还要求与工作无关的种种证书，比如英语六级、计算机三级等；甚至设置种种歧视，如性别、户籍、身高、外貌等,造成严重不公平的就业环境。这些苛刻的条件使得一批合格的大学生不能获得相关的就业机会,降低了大学生就业率。除此之外,不少用人单位考虑到本单位的业务情况与当地联系紧密程度,希望招聘的大学毕业生熟悉当地方言及风俗,甚至有一定的人际关系网等,选用人才时优先考虑本地人。比如银行在招聘时希望应聘者有潜在的客户关系等。用人单位忽视员工的能动性,降低了学生的就业期望。目前大学生在选择就业岗位时都会选择管理良好的大中型国企、外企或者机关单位,是因为这些单位注重员工在企业的发展前途,重视员工的能动性。比如一些大型企业会对新员工进行培训、考核选拔。一般毕业生报到后要经过三个月的轮岗实习和三个月的定岗实习,并通过多次考核考察后方能上岗工作。实习与考核内容包括对企业发展历史、主要产品及技术、生产环节、质量标准、产品销售等各方面情况的基本了解,还包括对企业文化的认知。而一些小型或者民办企业往往把员工当作一种成本,只是单纯地给员工硬性的工作,还有不适当的监督,在这样的企业里工作员工会觉得没有发展前途。这对于在市场经济社会里,追求良好的职业前景、人力资本增值的大学生来说,无疑是场灾难,堵塞了他们在这些企业里就业的可能性。用人单位的用人理念影响高校对人才的培养模式。由于大学生严峻的就业形势,高校也面临越来越大的就业压力,想尽各种方法提高本校学生的就业率。而培养适合用人单位所需要的人才是一个重要的渠道,所以高校就迎合企业的需求制定培养模式。高校希望自己培养出来的学生是有经验、有潜力的人才,能符合企业的需求。这其实是一种舍本逐末的方法,不利于培养和开发学生的潜能,不利于我国人力资本总存量的提升。

四、财经类专业学生自身的因素

就业观念偏失,就业期望值过高。财经类专业大学生在就业区域、就业单位性质选择上也有趋同现象,经济发达地区、高薪酬、政府机关、国有大型企业仍是多数毕业生的首选,民营和外资企业显得吸引力不够,而现实情况是能够实现这种愿望的大学生的比例是很小的。大学生择业观与人才市场需求错位是目前大学生就业市场存在的普遍现象:一方面表现为大学生对薪资的期望普遍高于用人单位所提供的待遇;另一方面表现为大学生头脑中精英意识过强,对薪资和职位要求较高,低不成高不就,眼高手低,大学生就业市场出现"就业不难,择业难"的状况。

自身综合素质能力与职业素养不能满足市场需求。21世纪是知识经济的世纪,科学与技术迅猛发展,各种竞争日趋激烈,社会需要的人才是能够适应知识经济时代要求的高素质人才。这种人才,不但要有扎实的专业基础知识、全面的知识结构,更要有良好的思想道德、健康的心理、健全的人格和创新的精神。目前,对于财经类专业的学生来说,就业市场还是相当广阔的,只是随着市场经济以及社会信息化的发展对于财经类人才的要求越来越全面与综合。与过去相比,今天就业的压力逐渐转向了自身综合素质的竞争,现在企业对于财经类人才应具备的专业技能与综合素质的要求也日益全面。财经类专业大学毕业生应具备的能力素质主要包括:学习能

力、动手能力、表达能力、组织管理能力、交际能力、社会适应
能力、协作能力、创新能力等内容。但现实情况是现在大部分
财经类专业大学生只是掌握专业知识，能力方面比较欠缺，多
数大学毕业生表现得信心不足，缺乏足够的就业实力，往往是
专业面、知识面窄，心理素质差，缺乏创新意识和敬业精神。

第三节 财经类高校学生就业出路分析

本节拟从四个方面对财经类高校学生就业出路进行分析，
具体分别从政府、高校、用人单位和学生本身四个方面论述。

一、政府大力发展国民经济，多途径增加就业岗位

世界经济发展的实践已经证明，经济增长是就业增长的助
推器[①]。有人说经济增长率每提高一个百分点，可以增加就业
岗位200~300万个，有的说可以增加500万个，目前并无准确
数字，但经济增长一个百分点，增加200万个就业岗位的估计
是不算高的。反过来说，若经济增长率降低两三个百分点，失
业人数将增加五六百万。因此，要解决好大学生就业问题，我
们根本的出路就是加快经济发展速度，只有经济发展了，才能
创造出更多的就业岗位。国家的经济结构要从粗放型、劳动
密集型进一步向集约型、高技术方面发展，只有随着经济结构
的调整，各行各业对大学生的需求才会越来越高。

在保持经济稳定持续增长的同时，政府要利用多种途径增

①蓝英. 教育对经济增长的影响[J]. 河南农业, 2007(21)：53, 27.

加就业岗位。

(一)鼓励大学生创业

提高就业岗位数的方法很多,比较直接有效的方法之一就是创业。创业不但可以解决毕业生自身问题,还可以以创业带动就业,提供一批新的岗位,提高毕业生整体就业率。就业是民生之本,创业是就业之源。近年来,国家非常鼓励大学生创业,提倡以创业带动就业。国家要积极出台鼓励大学生自主创业的新政策,推动各地设立"大学生创业资金",力争为大学生创业出台税费减免等优惠措施,并在工商注册、办理纳税手续、申请小额担保贷款等方面简化程序,提供方便。

(二)调整政策,引导毕业生到西部、非公有制单位、农村就业

其实,并不是大学生都不愿意到农村或是西部工作,其中有一个很重要的原因就是他们对西部或农村基层有一定的疑虑,一是基层的体制内单位编制少、经费紧,对人才的大量需求受到抑制;二是体制外单位缺乏必要的社会保障,用工不规范,影响毕业生选择的热情;三是基层的生存发展条件有待改善,生活待遇低、工作环境差、发展空间小等需要逐步解决。

诚然,西部地区、农村与中东部地区无论是在经济、教育等各方面都有很大的差距,我们国家的城乡二元结构不解决,这个问题将永远存在。但是二元结构的解决,又跟人才很有关系,解决得好,就是良性循环,解决得不好,就是恶性循环。

(三)鼓励毕业生到中小企业就业

因此,中小企业对大学生就业有着巨大的潜力。但由于当

前户籍和档案制度的影响,很多用人单位有招聘的需要,却不能为大学生解决户口档案等问题,这就造成了大学生想来但不敢、用人单位想要但不能的尴尬局面。所以,要放宽对户口、档案的管理政策,鼓励大学生到中小企业就业,为中小企业的人才储备和大学生就业提供便利的条件。

二、财经类高等院校深化专业改革,完善就业服务体系

大学生就业不仅仅是大学生自身的问题,对于培养大学生的高等院校而言,它所培养出来的大学生能否顺利就业直接关系着高校的进一步发展,因此,财经类高校在大学生培养以及最终的就业方面将有一系列的工作要做。

(一)调整专业设置,尤其是地方财经类高校重复设置的专业

目前很多地方财经类高校的专业设置趋同现象非常严重,这就需要引导专业设置朝符合需要的方向发展。重复设置的专业根据其形成的主导因素可分为三种类型:一是区域范围内相关高校的专业实力较为雄厚,有悠久的专业设置历史,该专业普遍拥有良好的学科基础;二是专业所属的相关产业近年在区域范围内发展迅速,人才需求旺盛;三是前期建设经费投入成本小、准入门槛低的专业。针对不同的情况,对财经类专业的设置要采取不同的应对措施:对于地方院校专业设置重复较高的专业可以采取合并的方式,综合各个高校的最优资源,培养高质量的财经类人才;对于人才需求旺盛的相关专业应实施专业立项建设制度,走集约式专业发展道路;对于社会需求低而且培养出的人才质量不高的专业实行"末尾淘汰制"。

(二)改革对财经类专业学生的培养模式

现代企业所面临的竞争愈来愈激烈,对财经类人才的需求也更加实用化,希望企业成为人才的"用武"之地而非"练武"之地,这就要求高校培养出来的财经类专业的学生既保证"产品"供不应求,又可满足企业的这种需求,实现校企双赢。

财经类高校要从可持续发展观的角度来探讨财经专业高等教育的发展战略、培养目标、专业设置,直至教学内容、课程体系、教学方法、教学管理,从中获得新的认识,开拓新的思路。财经类高校应当采取引导与适应相结合的策略,按照"厚基础、宽口径、多方向"的原则调整配置专业。具体措施如下。

1.科学调整专业知识和结构,主动适应市场对人才的需求,培养社会所需的人才

随着全球化进程的不断加快,世界经济联系愈来愈密切,从而对财经类人才的要求也随之变化。因此,财经类专业的老师一方面要在教学内容上要向学生传授本专业的基础知识、前沿知识和交叉学科知识,紧密结合现实情况,随时更新教学内容,把最新的知识和信息提供给学生;在教学方法上,课堂上要更多地采取启发式、讨论式、研究式教学等形式;另一方面还要求财经类专业教师深入社会经济和相关行业进行调研,结合本专业的特点,提出对调整财经类专业进行调整的合理框架结构。在专业结构调整过程中,必须真正坚持依照社会客观实际,服务社会经济大局,立足微观行业企业的理念,适当调整财经类专业中不合理且比重大的老思路、老方

向、老目标。财经类专业结构的框架要随着经济形势不断调整，体现出合理性、灵活性以及周期性。

2.大力加强对财经类专业学生的人文素质教育与职业道德教育

财经类高校不仅要培养出专业能力强的学生，还要使其具备良好的职业道德、高尚的人格，努力实现求知、做事和做人的有机统一。财经类专业人才与经济的紧密联系要求高校在这方面的培养应尤为重视。众所周知，美国的次债危机是引起2008年世界金融危机的原因，而次债危机出现的最重要原因之一就是美国政府和借贷人之间在贷款利率、还款期限等方面的相互信任出了问题，也就是说来自社会和个人的诚信方面出了问题。当前我国处于经济转型期，传统的道德体系解体，市场经济的道德信念尚未树立。但负面影响则已泛滥，如唯利是图、极端个人主义、自私自利等。因此高校应该加强学生的素质教育、诚信教育以及职业道德方面的教育。

3.提高毕业生实践能力，建立实习基地，加强校企结合

财经类高校教学体系的重要组成部分之一是实践教学，它与理论教学具有辩证统一的关系，是相对独立、相互依存、相互促进的关系。实践教学在整个教学体系中有提高学生的综合素质、培养学生创新精神和实践能力的特殊作用，这是理论教学所不能替代的。财经类专业的相关课程很多都需要通过实践才能更好地掌握，更重要的是高素质的财经类人才必须具备知识面宽、适应性强、具有创新能力的特点，高校必须明确认识、落实制度，真正把实践教学变成培养高素质人才的途径，使财经类人才在求职就业方面更有优势。

（1）建立科学的实践教学体系，完善校内实验室建设。财经类专业大多都是实践性很强的专业，这些专业由于涉及商业秘密等原因，如银行、企业等单位，一般不愿接受学生到单位实习，即使接受学生实习也不会让学生接受实质性的工作。而培养既具备理论知识，又具有很强的经济、管理信息处理能力、应用能力的人才是社会所要求的，这就需要通过建立专业实验室采用模拟仿真实验教学解决这一问题。所以，建设专业实验室是满足财经类各专业学生进行教学实践所必需的。建立专业实验室不仅可以提高教师的教学水平和学术水平，促进学科的建设与发展，还可以提高学生的学习积极性，提高学生分析解决问题的能力，从而提高其就业的能力。

（2）加强校外实习基地的建设。学生经过在学校几年的专业知识学习，需要通过实习将所学的专业知识转化为实际应用的专业技能。经过实习，学生一方面可以增长社会经验、提升就业竞争力；另一方面可以加强与实习单位之间的联系、增加就业机会。因此，加强学生就业实习基地建设已成为各高校就业指导与服务工作的一项重要实践教学工作，社会实践活动是大学生获得真才实学的有效途径之一。以此达到了"互惠双赢"的目标：第一，学校受益主要包括三个方面。通过集中实习，提升了实践教学水平；增加了毕业生的就业机会；推动以社会需求和就业为导向的教育教学改革。第二，实习基地合作单位受益的三个方面。促进了企业的创新，提升了内部竞争文化；企业找到了适合本企业文化的优秀员工；以校园为平台，宣传了企业文化和产品，挖掘了潜在客户。因此，学校要通过各种途径争取社会和企业的大力支持，走产学研相结合的道路,按照校企"双赢"的理念,多途径、多形式地与相关企事业单位共建校外实践教学基地。

高校要通过各种途径努力去寻找提高实习机会的合作企业,但要注意所选择的企业要达到组织运行状况良好,企业内部制度规范、健全,有充足的业务,员工有饱满的工作量,工作环境和企业文化要有好的氛围。同时,合作单位应该尽量安排实习学生在两个以上不同岗位进行轮岗实习,达到切实锻炼其实践能力的要求。高校也应该给实习学生安排具有较高专业水平的指导教师,学生在实习过程中可以及时和老师进行沟通。合作单位负责提供具体的工作,指导教师则负责指导学生的具体工作。通过这种方式培养出来的学生可以很好地达到专业实践的效果,使学生毕业后可以直接上岗。

另外学校可以推行"试就业"机制。大学生可以在大二后暂停知识教育,大三期间,大学生可以选择企业、社区等,进行一年的"就业体验",在企业的实践锻炼中亲身感受社会竞争,提高素质;另一方面,企业也可以建立完整的实习档案,今后可以择优录用。政府可以提供必要的"试就业"扶持,根据每个大学生的实践时间,对企业或者社区给予财政补贴。针对财经类专业的学生不妨尝试采取这个方式促进大学生的就业。

三、用人单位树立科学的用人观念

如何增大社会对大学生的需求量是我们解决大学生就业问题的突破口之一。而企业是大学生需求的主体,这就要求企业建立科学合理的人事制度,转变旧的用人观念,帮助大学生实现充分就业。

(一)企业要建立科学的人力资源管理制度,提高企业的竞争力

人才作为企业发展的重要因素对提升整个企业的竞争力起着不可估量的作用,企业应该以人为中心,把人才作为第一资源来开发;企业应该重视员工的价值,尽力去通过培训和教育来提高员工的人力资本存量,激发员工的潜力与活力,让员工主动地、创造性地开展工作。只有这样才能吸引更多的优秀毕业生的加入,为企业发展带来新的活力。

(二)转变用人观念,摒弃就业歧视

工作经验对做好一份工作确实非常重要,但是企业如果一味追求工作经验,把大量的有潜力的、优秀的毕业生拒之门外,这样做不利于对人才的开发,不能给企业带来新鲜的"空气"。首先,企业应该转变用人观念,大胆起用新人,同时做好对新人的引导和培训,让他们的个人发展与企业共同成长,最后他们必将成为企业繁荣的强大动力。其次还要避免两种极端的用人观念:一是不管是否需要,一味追求高层次毕业生,造成人才闲置或浪费,从而导致不正常的跳槽行为。要切忌从形象宣传或商业炒作的目的出发,追求所谓轰动效应,这种行为最终将导致对本单位的根本性损害。二是用急功近利、不切实际的选人标准,对毕业生挑三拣四,要求毕业生一上岗就能派上大用场,缺乏用发展的眼光选拔人才,这种观念也会妨碍事业的发展。

(三)与高校合作,建立自己的"人才资源库"

前文提到过不少院校为了提高学生的就业率,"迎合"企业的需要培养人才,这在企业用人观念陈旧的情况下不利于人才的培养。但如果企业积极转变用人观念,建立科学的用人制度,与高校加强联系,与高校建立稳定的供应链,可以使企业拥有一个低成本、高效率的人力资源库。开发人力资源,构筑人才高地已成为各级政府和用人单位的共识,这也是缓解由于经济全球化不断深入而面临的人才竞争日趋激烈现象的一个不错的选择。

四、财经类专业学生本身应充分做好就业的准备

(一)积极应对目前的就业形势,转变就业观念,树立广义的就业观

弗兰克·帕森斯认为明智的职业选择有三个因素:清楚地了解自己,了解自己的态度、能力、兴趣、志向、限制及其原因;了解各种职业所需要的知识,各种职业中成功的必要条件,各种职业的利弊、报酬以及晋升的机会;对上述两方面做出明智的思考。财经类专业的学生应转变就业观念,积极应对严峻的就业形势。

1.调整就业思路,先就业再择业,为以后职业发展积累资本

财经类专业的大学生要把就业的眼光放远,树立"先就业求生存,后择业谋发展"的思想,客观地看待自己,放低姿态求职,学会从底层做起,对薪酬的期望值适当降低。大学生要明白一个事实,只有先就业了才能谈以后的职业发展。财经类

专业的大学生应该树立"行行可建功、处处能立业、劳动最光荣"的就业观和成才观，在就业单位选择上可以考虑报酬较低但有发展前途的中小企业就业，也可以选择时灵活就业，包括临时就业、非全日制就业等；在地域选择上，不要只集中在发达地区和沿海城市，一些二级城市、中西部地区和农村基层的岗位依然需求量很大；在行业选择方面，不应一味追求专业对口，可以选择目前受金融危机影响小但是人才需求旺盛的行业，还可以利用自己在的特长去谋得专业以外的工作。

2.自力更生，自主创业

国外的创业者大都为商学院的毕业生，而我国的创业者却以工科尤其计算机专业为主。财经类专业大学生的知识与操作技能，在创业实践中具有广泛的实用性和可操作性，积极引导高等院校财经专业学生进行创业活动，不仅是面对金融危机的一项需求，也是我国经济持续高速发展对大学生的要求。财经知识是创业者必备的创业基础，各行各业只要有了懂财会、会管理、精于核算的人才，创业行动就会少走弯路，这是财经类专业大学生创业的一大优势。

在创业初期财经专业的学生普遍采取的创业模式有两种。一种是依托校园及其周边市场，凭借着对特殊的学生群体的需求和市场的把握，提供切合学生的特殊服务项目，更多的是为学生和学生之间的交流提供一个平台，如二手书市场、校园交易网等。另一种是依托企业发展，以代理加盟的形式，获得资金，在帮助加盟企业推广产品和服务的同时，积累经验和资金，了解并占领市场，有利于创业团体的进一步发展，而多数企业也乐于为此类创业团体提供各方面的支持，这样的创业模式由于有企业的指导而成功率较高,是现在一种较普遍的创业模式。

作为刚刚毕业的大学生,进行创业一方面难以募集资金;另一方面对市场认识和经验不足,缺乏关系网,可以说面临着很大的困难和挑战。但是,大学生也不应妄自菲薄,应该充分地调查,多方面听取意见,一个天才的创意,加上自己的创造力和天赋的活力,可以成功地创业。

(二)加强自身的就业能力,提高就业的竞争力

就业能力是指获得与保持工作的能力。对财经类高校大学生而言,就业能力包括专业能力与市场能力两个部分。专业能力取决于他们所拥有的知识、技能与态度等资产以及他们使用和配置这些资产的方式,以敬业精神、职业道德和职业操守为代表的态度型资产是大学生专业能力中的关键,以解决问题能力为代表的知识技能型资产是专业能力的基石。从目前的就业市场来看,用人单位的选择余地更大,所以大学生自身的就业能力在求职过程中是一个关键因素,提高财经类专业的大学生就业能力尤为重要。作者建议财经类专业的学生可以从以下几个方面来加强自身的就业能力。

1.提高自身的基础实践能力

作者认为基础实践能力主要包括沟通协调能力、人际交往的能力、获取知识的能力、动手的能力等方面,这些能力是大学生获得工作、进入职场的最基本的能力要素。财经类专业的毕业生要想顺利就业并尽快有所成就,都必须具备这些基本的能力。一般来说,如果毕业生的个人素质比较高、能力比较强、身心健康,走上社会后就能较快地适应环境,适应工作,用人单位也愿意雇佣。因此,财经类专业的大学生在校期间要利用各种机会培养自己的基础实践能力,比如在不影响学习的情况下利用课余时间进行兼职,最好是与本专业相关的行业,这样既可以提高基础实践能力,积累的经验也可以为以后求职加分。

2.强化自身的专业能力,合理构建知识结构

财经类高校财经类专业的大学生经过大学阶段的专业学习后,应能够全面系统地、扎实地掌握本学科、本专业的基础理论和方法,能够运用它指导实践能力。所以在学校期间要切实学好专业课,这是作为毕业生求职最基本的东西。除此之外,还可以通过其他途径充实自己的知识结构。比如参加职业资格培训和考试是现在大学生比较热衷的"充电"方式,考取一个或者几个职业资格证书,既是对学校学习之外有益的补充,又能增强专业水平上的说服力。但是在选择的时候,大学生应根据自己的兴趣爱好、性格特点,结合职业发展规划,理性分析,选择与自己专业和职业发展目标相关的职业资格培训。另外还可以通过辅修第二专业来增加自己的就业砝码,利用双休日上课,如果顺利通过相关考试,毕业时可以拿双证。尤其是跨专业和跨校的辅修,对提高大学生的综合素质,培养文理兼通的复合型人才有很大的帮助,同时也大大增强大学生的就业竞争力。

就业能力的提高不是一朝一夕就可以达到的,这就要求财经类专业的大学生要把就业能力的培养贯穿于整个学业阶段,从进校开始,在平时的生活学习中就培养自己的吃苦耐

劳、责任感和上进心;着力培养自己的阅读、写作、计算等基础能力。在专业课中着重培养自己的分析判断能力、解决问题能力、独立工作能力、适应能力、学习能力、团队协作意识。同时在不影响学习的前提下,尽可能地参加各种活动和比赛,培养自身社交领导能力,包括表达能力、领导能力、社会活动能力、组织协调能力、人际交往能力。只有这样才能在毕业求职时有足够的就业能力,满怀信心地去面对任何挑战。

参考文献

[1]安慧姝,安慧心.财经类应用技术型人才的培养[J].山西农经,2017(17):39.

[2]曹迪.财经类高校毕业生就业前景分析[J].全国商情·理论研究, 2017(34): 102.

[3]程静.高校人才培养模式多样化:诠释与对应[M].北京:北京工业大学出版社,2003.

[4]储敏伟,付一书.基于CO-OP的应用型金融人才培养模式改革[M].上海:上海财经大学出版社,2013.

[5]蔡柏良.教学型高校经济管理类专业建设的问题与对策[J].学术探索, 2012(7):183-185.

[6]丁立宏,张连城,周明生.财经类大学研究生创新能力与培养模式探索[M].北京:中国经济出版社,2012.

[7]黄兆信,曾尔雷,施永川,等以岗位创业为导向:高校创业教育转型发展的战略选择[J].教育研究,2012(12):46-52.

[8]蒋丽香.关于加强高等财经类院校通识教育的思考[J].湖北经济学院学报(人文社会科学版), 2013(4):165-166.

[9]刘晓凤.基于AHP模型的财经类高校本科人才培养质量评价研究[J].上海教育评估研究,2014(4):45-50.

[10]刘忠艳.精细化管理视阈下"双创"师资人才队伍建设研究[J].中国人力资源开发,2016(5):85-90.

[11]林琦芳.应用型本科院校校企合作的研究[D].厦门:华侨大学,2013

[12]蓝英.教育对经济增长的影响[J].河南农业,2007(21):53,27.

[13]李作奎.基于财经类高校人才培养的实验教学问题研究[J].湖北经济学院学报:人文社会科学版,2008(7):159-160.

[14]蒙丽珍,黄刚.财经类院校创业基础教程[M].沈阳:东北财经大学出版社,2013.

[15]马国焘,张伟强.财经类高校优势学科比较研究[J].高教学刊,2018(3):187-190.

[16]童本立,王俊豪.高等财经教育理念与实践[M].杭州:浙江大学电子音像出版社,2006.

[17]王珏敏.财经类高校实践教学团队建设研究[D].太原:山西财经大学,2013.

[18]王振军.大学生对地方高校人才培养的满意度分析——以财经类大学Y为例[J].西北人口,2016,37(6):111-118.

[19]肖昊,周丹著.高等学校运行机制[M].武汉大学出版社2010

[20]杨云慧.全国财经类高校人才培养工作研讨会举行[J].教师,2010(33):9.

[21]杨刚,杨虹.加拿大滑铁卢大学Co-op项目对我国高校实践教学的启示[J].当代教育理论与实践,2014,6(9):149-151.

[22]张婧.财经类创新型本科人才培养研究[M].北京:光明

日报出版社,2016.

[23]张为付,李逢春.微课程教学在高校人才培养中的应用与实践——以财经类高校为例[J].江苏高教, 2017(6):63-65.

[24]张春勋,李录青.地方财经院校经济学专业教学内容及课程考核改革与实践[M].重庆:西南师范大学出版社,2013.

[25]翟晓瑜.新形势下地方财经类高校人才培养模式研究[J].安阳工学院学报,2018(1):121-123.